KB271676

# 계집 팔자 상팔자?

우리말에 나타난 성 차별 구조

# 계집 팔자 상팔자?

강주헌  지음

황소걸음
Slow&Steady

우리말에 나타난 성 차별 구조

# 계집 팔자 상팔자?

펴낸날    2003년 2월 10일 초판
지은이    강주헌
꾸민이    Moon&Park(dacida@hanmail.net)
만들어 펴낸이    정우진 최상남 이은숙
펴낸곳    121-856 서울 마포구 신수동 448-6 한국출판협동조합 도서출판 광개토
영업부    (02) 706-8116  팩스 | (02) 717-7725
편집부    (02) 3272-8863
이메일    bullsbook@hanmail.net / kingkgt@hanmail.net
등 록    제22-243호(2000년 9월 18일)

## 황소걸음
Slow&Steady

ⓒ 강주헌  2003

ISBN 89-89370-26-4  03330

# 여성에 대한 인식의 변화를 위하여

 이 책이 발간된 지 정확히 7년 만에 다시 발간된다. 이 책이 처음 소개되었을 때 주변의 반응이 아직도 내 기억에 생생하다. 어떤 의미에서 이 책은 우리말을 자료로 하여 여성의 차별상을 살펴본 최초의 글이었던 까닭에 그런 열띤 반응을 보여준 것이라 생각한다. 많은 언론에서 관심을 가져주었고 덕분에 나는 라디오와 TV 프로그램에도 출연해 우리 언어 속에 나타난 여성의 차별상에 대해 말할 기회가 있었다. 그후 여성개발원의 회의에도 참석할 수 있었고, 김대중 정부에 발족된 여성특별위원회에서 주최한 여성에 대한 의식 개선을 위한 간담회에도 유일한 남자로 참석하는 기회를 얻었다. 모두가 이 책 덕분이었다.

 이 책이 우리말에 나타난 여성의 차별상을 지적한 것이다 보니 많은 사람이 내게 이구동성으로 물었다. "그럼 해결책은 무엇인가?"라는 것이었다. 빅토르 위고는 "모든 혁명에는 사전의 개혁이 뒤따라야 한다"라고 말했지만, 언어학을 전공한 사람으로서 언어의 개혁을 쉽사리 주장할 수는 없었다. 1970년부터 본격적으로 시작된 우리 여성운동의 노력으로 여성의 위치가 법적·제도적으로 많이 개선되었지만, 여성에 대한 인식 자체는 크게 변하지 않은 것이 사실이다. 대졸 여성들은 지금도 여전히 취업의 불이익을 주장하고, 정치인들은 선거 때마다 여성할당제를 도입하겠다고 법석을 피운다. 이처럼 사회는 여전히 여성에게 벽을 쌓고 있다.

언어는 사용자들의 의식 세계를 반영한다는 것은 주지의 사실이다. 언어학자라면 누구도 이 사실에 이의를 제기하지 않을 것이다. 그런데 언어에서 여성의 위치는 그저 보조적 존재에 불과하다. 나는 이 책에서 그렇게 보았고 그렇게 결론을 내렸다. 여성운동을 하는 사람들, 여성문제에 관심이 많은 사람들의 구미에 딱 들어맞는 결론이었다. 하지만 해결책이 무엇인가? 언어를 바꿀 것인가? 언어를 바꾸지 못한다면 법과 제도를 완전히 평등하게 뜯어고쳐서라도 여성에 대한 인식의 변화를 가져올 것인가? 나는 이런 문제를 두고 많은 생각을 해보았다. 그리고 결론을 내렸다. 지나친 비약일지도 모르지만, 지금까지의 여성운동은 '가진 여성', 즉 권력층에 가까운 여성을 위한 여성운동이었을 뿐이라는 결론이었다. 법은 법일 뿐이다. 엄격한 법치가 이루어지지 않는 한 법과 제도를 바꾼다고 모든 여성, 특히 '못 가진 여성'에게까지 그 혜택이 돌아가는 것은 아니라는 결론이었다. 심지어 언어조차 그렇다. 프랑스어에서 극명한 증거를 발견할 수 있다. 프랑스어에서 la présidente는 '대통령의 부인'

을 뜻했지만 이제는 '여성 대통령'을 뜻한다. le ministre는 원래 남성 장관만을 뜻했지만, 이제 앞의 관사만 바꾸어 la ministre는 여성 장관을 뜻한다. 하지만 그들보다 한참 아래에 있는 '여시장'은 결코 la maire로 쓰이지 않는다. 남성과 여성이 겹친 Madame le maire로 쓰인다. 기형적인 단어가 탄생한 셈이다.

여성에 대한 의식의 변화를 앞당기기 위해서 어떻게 해야 할까? 내가 참석했던 여성특별위원회의 간담회를 기억하지 않을 수 없다. 그때 나를 제외하고는 참석자 모두가 여성이었다. 간담회를 주최한 위원회의 위원장부터 실무자도 모두 여성이었다. 참석자들은 모두가 나름대로의 방안을 제시했다. 영화를 만들자, 연극을 만들자, 신문과 TV에 광고를 하자, 어린 시절부터 남녀평등을 보여주는 동화를 읽히자… 시골 사람이어서인지 내 귀에는 그런 방안들이 조금도 설득력 있게 들리지 않았다. 내가 살고 있는 시골에는 군 소재지에도 영화관이 없다. 연극을 만들면 연극팀이 시골 구석까지 내려와 공연할까? 설령 군 소재지에서 공연을 하더라도 저녁에 한다면, 연극 구경 나온 사람들이 어떻게 집으로 돌아갈까? 지금도 군 소재지에서 우리 면까지 오는 버스가 저녁 6시 30분이면 끊어지는데! 결국 그들의 의견은 모두가 도시 사람을 위한 방안이었다. 그때 나는 은근히 부아가 치밀어 "이 정부는 국민의 정부인데, 시골 사람은 국민도 아닌 모양이구먼!"이라고 소리쳤다. 나는 의식의 변화를 위해서는 언어 사용의 변화가 특효약이라고 말했다. 처음으로 공개석상에서 위고의 의견에 동조한 셈이었다.

물론 예전에도 직업의 이름을 바꾸는 운동이 있었다. 청소부가 '환경미화원'이 되었고, 간호원이 '간호사'가 되었다. 그러나 내가 원한 것은 이런 소리의 변화가 아니었다. 소리의 변화는 겉옷을 바꿔 입힌 것에 불과하다. 빗대어 말하면 병자에게 환자복을 벗기고 색동옷을 입힌 것이나 마찬가지다. 의미의 변화가 따르지 않는 한 소리의 변화는 무의미하다. 의식은 곧 의미이기 때문이다. 따라서 의미의 변화가 필요했다!

그후 이 책을 다시 읽었다. 여성에 관련된 단어들을 다른 시각에서 해석하기 시작했다. 겉에서 보았을 때는 여성에 대한 차별이었지만, 속을 들여다보자 다른 의미로 읽히기 시작했다. 이 책에서 다룬 낱말들, 그리고 여성과 관련해서 연상되는 낱말들을 완전히 다른 시각에서 분석해보았다. 그때부터 여성이 여자로 변하기 시작했다. 여자가 여성보다 훨씬 고매한 뜻이란 것을 깨달았다. 적어도 내게는 그랬다. 이런 시각에서 완성된 책이 『나는 여성보다 여자가 좋다』이다. 이 책을 읽고 내게 해결책이 무엇이냐고 물었던 사람들에게 대답한 책인 셈이다.

처음에는 이 책을 복간할 생각이 없었다. 새롭게 발간하는 책과 완전히 다른 시각에서 쓰인 책이기 때문이다. 하지만 새 책의 출간을 맡아준 황소걸음 출판사의 정우진 사장이 이 책의 복간까지 권했다. 새 책을 쓴 의도가 결코 여성을 비하하고 여성차별을 고착하려는 것이 아님을 이 책으로 증명해 보이자는 것이었다. 나는 이런 제안에 흔쾌히 동의했다. 오히려 내가 그렇게 하고 싶었다. 진정한 학자라면 어떻게 관점이 완전히 달라질 수 있냐고 비난해도 감수할 생각이다. 틀렸다 싶으면 체면을 불구하고 바꿔야 한다는 것이 내 지론이다. 촘스키의 언어학을 공부해본 사람이면 알겠지만 촘스키도 변형이론에서 해석이론으로 완전히 전환하지 않았는가!

나는 내 집 옆에서 허리를 굽히고 밭을 가는 할머니들, 우리 면에서 커피를 파는 아가씨들, 자동화된 덕분에 잠시도 쉬지 못하고 일해야 하는 여공들을 사랑한다. 깨끗한 옷을 입고 호텔을 드나드는 인텔리 여성보다 그런 여자들을 훨씬 사랑한다. 언어의 변화가 있을 때 그런 여자들에게도 골고루 혜택이 돌아갈 것이라 생각하기 때문이다. 물론 언어가 일순간에 변하는 것은 아니다. 하지만 내가 새 책에서 말한 것처럼 여자의 위대함을 가르친다면 앞으로 30년 후에 어떻게 변해 있을까? 1970년부터 지금까지 여성운동계가 이뤄낸 것보다 훨씬 많은 것을 이룰 수 있으리라 믿는다.

내가 이 책을 읽는 독자에게 바라는 것이 있다면 『나는 여성보다 여자가 좋다』까지 읽어달라는 것이다. 아니, 이 책은 읽지 않아도 괜찮으니 『나는 여성보다 여자가 좋다』를 읽어주기 바란다.

2002년 12월
생극에서
강 주 헌

여자와 남자

성 차별 문제가 우리들의 입에 본격적으로 오르내리고 있다. 이런 현상이 단순히 서구 여권운동가들의 영향에서 비롯된 건지, 우리 여성들이 절실하게 그런 차별을 의식하기 때문인지 확인할 길은 없다. 이런 문제 제기를 하는 까닭은 우리와 서구의 문화가 근본적으로 다름에도 이 땅의 여권운동가들이 서구의 여권운동가들의 틀에 맞추어 우리 사회의 모습을 조명하려 하기 때문이다. 그래도 그간의 그들의 투쟁 덕분으로 여성은 정치·경제·사회·문화 전반에서 어느 정도 남성과 동등한 권리를 누릴 수 있게 되었고, 실제로도 법적인 차원에서의 남녀평등은 이미 일정 정도 쟁취한 것으로 보인다.

그러나 좀더 근본적인 문제, 즉 남성과 함께하는 공동체적인 삶을 생각할 때 과연 얻는 것이 무엇일까 생각해보지 않을 수 없다. 이런 조심스런 제안은 여성들로부터 호된 질책을 받을 수도 있다. '지금까지 온갖 혜택을 누려온 남성을 위해 앞으로도 여성이 계속 희생을 감수해야만 하는가'란 당연한 질책 말이다.

하지만 우리가 여기에서 이야기하려는 것은 여성이 경제적 독립을 누리고, 정치적인 독립체로서 그 지위를 얻는다고 해서 진정한 정신적 자유를 누릴 수 있느냐는 절실한 문제다. 만약 '그렇지 못하다면 지금까지의 연구나 노력을 반성하고, 과연 어떤 방향의 연구가 필요한가' 라는 질문에 진지하게 답해보아야 한다.

이제 여성 차별을 다른 시각에서도 살펴볼 시기가 되었다. 그렇다고 여성문제를 반드시 우리가 여기서 제시하는 시각으로 봐야 한다는 것은 아니다. 그러나 이런 시각의 가능성을 인정하고 새로운 각도로 여성문제를 파악할 때 여성의 진정한 자유를 보장할 수 있는 방법을 찾을 수 있으리라 확신한다. 여권운동가들이 여성의 권리를 보장받기 위해서 부각시키는 문제들, 예를 들어 호적 문제, 배우자 상속 문제, 정치 참여 문제, 정치적 입신의 문제들이 단순히 남성에 의한 여성 차별이라는 논리로 귀결될 수밖에 없는가 하는 점이다. 또한 남성과 동등한 차원에서 경쟁할 수 있는 여건이 성숙되지 않았기에 그동안 억압받아온 여성을 일정 기간이라도 우대해주는 정책적 배려가 있어야 한다는 주장은 새로운 문제를 야기시킬 가능성도 있다.

남성과 여성은 생물학적으로 다른 구조를 지니고 있다. 따라서 그들은 서로 다를 수밖에 없다. 그런 차이는 사회적 차이로 귀결되었다. 이미 오래전부터 우리의 사회구조는 여성은 집안일을 도맡아 처리하고, 남성은 이와는 상반되게 바깥일에 전념하도록 길들여져왔다.

그렇다면 남성이 자신의 힘으로 선택(?)한 여성을 오로지 자신만의 소유로 하기 위해 그런 억압적 구조를 만든 것일까? 아니면 남성과 여성의 신체적 차이에 의해, 그리고 주어진 환경에서 생명을 보존하기 위해 어쩔 수 없이 선택한 방편이었을까? 해답이 무엇이든, 우리 사회에서 남성과 여성의 역할 분담은 차별이 아닌 차이에 근거한다는 시각이 지배적이다. 그러나 이런 틀을 깨고 여성이 집안의 울타리를 벗어나 사회에 진출하고자 할 때 겪는 불이익은 남성에게는 전혀 해당되는 바가 없으므로 바로 이런 불이익을 받게 되는 현상 자체가 여성 차별의 본보기라고 여권운동가들은 주장한다. 이러한 주장은 일면 타당하다. 하지만 이를 좀더 넓은 시각에서 볼 필요가 있다. 정말 남성은 그러한 불이익에서 전적으로 자유로운가? 그런 불이익을 겪는 이유가 단지 능력의 부재 때문이라면, 인간의 능력을 재는 척도는 과연 무엇일까? 대학을 졸업하는 것인가, 대기업에 취업하는 것인가, 혹은 오로지 지적 능력만이 그 척도인가? 만약 그렇다면 대기업과 중소기업의 임금 격차, 대졸 취업생과 고등학교를 졸업한 지 4년이 지난 노동자의 임금 격차를 해소해야 한다는 주장은 무엇인가?

그렇다면 여성의 사회적 진출이 벽에 부딪히는 까닭은 무엇일까? 이데올로기적인 측면에서 기득권 세력인 남성의 새로운 도전 세력인 여성에 대한 방어라고만 해석해도 되는 것일까? 물론 사회적 의식을 가진 여성을 적극 방어하기 위한 것이라고 볼 수도 있다. 그러나 이런 단순논리로는 더 큰 관습의 벽에 부딪히게 된다. 오히려 이런 이분법적 사고에서 벗어날 때 비로소 여성문제를 진지한 시각에서 바라볼 수 있을 것이다.

여성에 대한 차별은 가부장제라는 역사적 유산임에 틀림없다. 그렇다면 억압받는 여성들은 이런 차별을 감내하고 살아가야 하나? 아니면 이런 차별을 극복하기 위해 극단적인 투쟁을 벌여야 하는 것일까? 이 두 가지 모두 긍정적인 방법이 될 수 없다. 전자는 여성에게 만족스럽지 않을 것이고, 후자는 남성을 자극할 뿐이다. 그렇다면 문제의 해결은 어디에서 찾아야 하는가? 무엇보다도 우리는 문제 자체에 주목해야 한다. 즉, 우리가 남성과 여성의 문제를 역사적 사건들과 동일한 시각에서 보려는 데 문제가 있음을 깨달아야 한다. 인종 간의 갈등, 빈부의 격차 등을 해소하기 위한 방법은 남성과 여성의 문제를 해결하기 위해 참고할 수는 있지만 궁극적인 문제 해결에는 별반 도움이 되지 않는다. 따라서 우리는 보다 종합적이고 근본적인 시각에서 여성문제에 접근해야 한다.

필자는 언어학을 여성문제의 출발점으로 삼고자 한다.[1] 언어는 그 언어를 사용하는 국민 의식을 반영하고, 의식을 인도하는 가장 중요한 도구라는 관점에서 언어에 나타난 여성차별을 조명해볼 필요가 있다. 경제적·사회 정치적인 권리를 얻었다고 해서, 여성이 심리적 자유를 보장받을 수 있을까? 이보다는 남성의 부속물처럼 취급받는 여성을 언어적으로 해방시킴으로써 좀더 근본적인 여성문제의 해결 가능성을 열어보고자 한다.

[1] 문학과 여성의 문제를 언어와 여성의 문제로 확대해서 생각한다면, 우리의 주장은 분명 잘못된 것이다. 문학과 언어는 다르다. 문학이란 그저 언어라는 수단의 힘을 빌려 작가의 정신 세계를 표현한 정신적 산물이다. 반면에 언어는 작가만의 세계가 아니라 그 언어를 사용하는 모든 구성원의 정신 세계를 투영해 보여주는 프리즘과도 같다. 또한 문학은 선택의 여지가 있지만, 언어는 그 사회에 속한 구성원인 이상 선택의 여지없이 받아들여야 하는 교환 수단이다. 또한 여성문제를 다룬 문학 역시 기존 여성학의 굴레에서 크게 벗어나지 못하고 있다. 여성 노동자의 문제, 집안에서 권태를 느껴 새로운 것을 찾아나서는 여성의 탈출, 새로운 것에 도전해보려는 여성의 모험심을 주제로 삼는다고 해서 과연 여성에게 정신적·심리적인 만족감을 줄 수 있는지는 다시 한번 생각해보아야 할 일이다.

女子

　진정한 권리 회복을 위해 여성이 자신의 삶을 당당하게 개척하려는 의식의 대전환과 여성도 무슨 일이든 할 수 있다는 자신감을 회복하여 적극적으로 자신의 영역을 확대해나가는 진취적 기상이 필요하며, 남성들처럼 비전을 가지고 사회활동에 매진하는 동시에 선택받은 소수의 여성만이 아닌 모든 여성에게 자연스럽게 다가갈 수 있는 실제적인 방안을 모색해야 한다.

　여성문제의 해결을 위해선 우선 여성이 처한 상황에 대한 분석이 이루어져야 하듯, 언어에서도 그 속에 투영된 여성상에 대한 분석이 선행되어야 한다. 또한 분석 결과를 바라보는 시각도 지나치게 이분적이거나 사회주의적 이데올로기에 사로잡힌 해석에서 벗어나 상상력을 발휘할 수 있는 여지가 마련되어야 한다. 또한 여성에 대한 차별을 극명하게 보여주는 단어를 하나 발견했다 해서, 그 단어를 다른 단어로 교체하거나 없애버리는 식의 단순한 접근은 여성의 진정한 해방에 아무런 도움도 되지 않는다. 게다가 그런 해결 방식은 언어의 속성에도 걸맞지 않다.

　결국 언어에서의 여성문제를 해결하기 위해서는 우선 여성을 핍박하는 단어들을 찾아 그것들이 여성을 어떠한 모습으로 그리는지 정확하게 분석한 다음, 그 분석을 토대로 여성의 차별적인 모습을 지워나가는 작업이 진행되어야 한다. 물론 이런 작업을 통한 언어 정화엔 상상을 초월할 정도로 오랜 시간이 걸릴지도 모른다. 그러나 우리는 억압받는 세대로 남을지라도 후대의 여성들에게는 언어적인 차별을 하나씩 덜어줌으로써 진정한 심리적 안정을 이룰 수 있는 기초를 마련한다는 데 우리 작업의 의의를 찾을 수 있다. 이미 성인이 된 여성이 제아무리 많은 교육을 받고, 경제적인 자립을 이루고 남성을 자신의 부하직원으로 거느리게 될지라도 언어적으로는(정신적으로는) 여전히 부당한 대우를 받는 경우가 얼마나 많은가.

긴 세월의 인고와 노력 끝에 모든 이에게 동등하게 적용된 언어에서의 평등이 이루어진다면, 지금처럼 선택된 소수의 여성이 아닌 모든 여성에게 진정한 자유와 평등의 혜택이 골고루 돌아갈 것이다. 그런 소박한 생각으로 우리말에서 여성 차별이 어떻게 그려지고 있는가에 대한 연구를 시도하려 한다.


이 책은 다섯 부분으로 구성된다.

첫번째 부분에서는 남녀평등을 위해 언어 차원에서의 개혁이 필요한 이론적 이유와 그 방향에 대해 살펴볼 것이다.

두번째 부분에서는 실제 우리말에서 나타나는 여성의 차별상을 구체적으로 살펴본다. 우선 우리말 중에서 가족간의 호칭을 중심으로 남성과 여성을 칭하는 낱말의 어원적 의미를 따져봄으로써 여성에 대한 억압과 차별상을, 다음으로는 사회적 관계의 호칭들—예를 들어 아저씨와 아가씨에서 '씨'의 쓰임새가 갖는 의미 등—을 통해 현실 속에 반영되는 여성의 모습을 살펴볼 것이다. 또한 언어 세계에서 무시할 수 없는 것이 주어진 하나의 낱말에 의한 연상작용이다. 이런 점에서 우리 신체와 관련된 단어들이 연상시키는 의미를 남녀 관계를 중심으로 짚어보고, 그 단어들이 갖는 성적性的인 면과의 관련성도 아울러 살펴볼 것이다.

세번째 부분에서는 우리말에서 상당 부분을 차지하는 한자에 남성과 여성의 모습이 어떻게 묘사되어 있는가를 살펴본다. 특히 한자는 만들어진 당대의 사회 구성원들이 공통적으로 지녔던 관념 세계를 사물에 빗대어 상형화한 문자로 알려져 있다. 그렇다면 한자에 담긴 의미를 풀어봄으로써 당시 언어 사용자들의 남성과 여성에 대한 가치관을 파악할 수 있을 것이다.

네번째 부분에서는 민중의 삶과 정신 세계, 그리고 당시의 풍속을 생생하게 담고 있는 민요와 속담에 나타나는 여성의 모습을 살펴볼 것이다. 그런 언어 속에서 옛 여성이 얼마나 비참한 생활을 했으며, 남성의 여성 멸시와 여성에 의한 여성의 적대감이 어떠했는지를 보게 될 것이다.

마지막 다섯째 부분에서는 민요와 속담의 현대판으로 여겨질 수 있는 우리의 대중가요, 특히 그 노랫말에 나타난 여성의 모습을 분석해 보고자 한다. 대중가요의 노랫말 역시 그 시대의 사회상—여성에 대한 인식을 포함해서—을 반영하므로, 4장에서 살펴볼 과거와 근대 여성의 모습을 비교할 수 있으리라 생각한다. 현대의 대중가요에 나타나는 여성의 모습을 분석함으로써 현 사회의 여성과 여성관이 어떻게 변화되고 있는가를 살펴볼 것이다.

언어적 차원에서 여성문제를 다루기 위해 지금까지 연구되어 온 여성학의 흐름에 비판적인 시각을 던지는 것이 기존의 여성학이 잘못된 방향으로 진행되고 있다는 것을 의미하지는 않는다. 다만 언어학적 시각에서 여성문제의 근원적인 해결책을 위한 노력이 전혀 시도되지 않았다는 점에서,[2] 그리고 교육받고 깨인 여성만이 아니라, 모든 여성에게 골고루 혜택을 나누어줄 수 있는 방안이 우리가 매일 사용하는 언어에서 시도될 수밖에 없다는 생각에서 기존의 여성학을 비판적인 시각으로 보았던 것이다.

끝으로 우리말에 나타난 여성의 차별상을 묶어 한 권의 책으로 완성할 수 있도록 묵묵히 도와준 아내 현과 언제나 귀엽고 사랑스런 아들, 리성과 지성이 몹시 고마울 따름이다. 그리고 바쁘지 않으면 움직이지 않는 버릇을 가진 나에게 가끔 전화로 선의의 독촉을 아끼지 않은 출판사 분들 역시 고맙다.

1994년 12월
생극에서
강 주 헌

[2] 외국의 경우에도 언어와 여성의 문제가 심도 있게 연구되고 있지는 않다. 다만 사회 언어학적 차원에서 여성의 차별상을 언어에서 찾아 나서는 실정일 뿐이다. 또한 그런 방면에 대한 연구서가 다른 학문 분야에 비해 다양하지도 않으며, 활발하게 연구되고 있는 부분도 아니다. 그러한 이유는 언어에서의 여성문제를 해결할 수 있는 방법이 한정되어 있고, 그 효과가 나타나려면 장구한 시간이 필요해 지금과 같이 즉각적인 처방이 요구되는 시대에는 어울리지 않는 분야이기 때문일 것이다. 필자가 우리말에서 여성의 차별상을 찾아 나서도록 자극을 주었던 로빈 레이콥(『여자는 왜 여자답게 말해야 하는가』, 1991, 고려원)과 마리나 야겔로(『언어와 여성』, 1994, 여성사)에게 감사드린다.

# 차례

# 1장
## 여성은 해방되었는가?

언어에서는 여성 차별이 어떻게 반영되고 있는가에 주목한다. 즉, 언어에서 여성이 무시되고 사물화되는 경향을 언어학의 범주를 넘어 사회학, 다시 말해 사회 속의 여성문제를 논하는 여성학에 접목해보자는 것이다. 이 말엔 기존의 여성학의 흐름에 무언가 결함이 있고, 기존 여성학적 방법만으로는 현재 여성들이 직면하고 있는 문제를 근본적으로 해결할 수 없다는 전제가 들어 있다.

세상의 절반이며 하늘의 절반인 여성의 사회적·법적·경제적·심리적 지위 보장을 위해 출범한 여성해방론을 학문화한 여성학에 결여된 부분은 무엇일까? 따라서 우리는 이 부분이 무엇이고, 어떤 이유 때문에 그 결여된 부분을 충족시키는 것이 필요하며, 또 어떻게 채워갈 것인가 하는 문제를 다루지 않을 수 없다.

이 의문을 풀기 위해 여성학에서 다루어지는 분야들의 성격
과 그런 분야들이 여성문제에 접근하는 방법은 어떠한 것인지
에 대해 보다 냉정하고 중립적인 입장에서 검증해보는 작업이
필요하다.

그리고 이러한 과정을 통해 새로운 차원의 여성문제 접근을
시도해보려는 것이 필자의 의도다.

# 1. 여성의 문제

여성은 단지 남성과 다른 성을 가지고 태어났다는 이유로 사회에서 부당한 차별대우를 받아왔다. 천지가 창조된 이래 지속되어온 가부장적 역사는 남자와 여자는 불평등한 존재로 태어났다는 사고를 강요했고, 여성은 차별과 그에 따른 고통을 의식적이든 무의식적이든 당연하게 받아들이고 감수해냈다.[1]

그러나 세계사에서 자본주의의 도래와 더불어 여성은 정치참여의 제한, 불평등한 법적 지위, 부당한 경제적 처우 등 여성차별에 대한 인식을 가지게 되었다.[2]

다시 말해서 자본주의와 산업사회의 등장으로 인해 풍부해진 물자와 시간적 여유를 즐길 수 있는 사회적 분위기가 조성된 것이다. 풍요로워진 물자와 시간적 여유가 우리의 삶에 미친 영향

[1] 여기에서 우리는 태초부터 지금까지 오직 부권을 중심으로 한 가부장적 사회의 존재만을 인정하는 듯 말하고 있다. 실제로 모권 중심의 사회가 있었다는 인류학적 증거는 거의 찾아보기 어렵고, 그렇기에 단지 추정할 뿐이라는 주장도 만만치 않기 때문이다. 또한 모권제 사회의 존재 여부에 대한 문제는 여기에서 특별한 관련이 없기 때문에 논의하지 않기로 한다.

[2] 이런 인식 과정에는 여성 역시 한 인간으로서 평등하다는 사회주의 의식의 확산(사회주의 혁명)도 한몫했다.

에 주목해보라. 풍부해진 물자가 특히 여성에게 시간적 여유를 가져다주었다는 사실을 간과해선 안 될 것이다. 이런 관계에 대한 예를 하나 들어보자. 예부터 우리 조상들은 흰옷을 즐겨 입었다. 흰옷은 금방 더러워지기 때문에 자주 빨아야 한다. 그리고 빨래는 당연히 여자의 몫이었다. 흰옷은 바로 한국 여인에게 주어진 일 자체라고 해도 과언이 아니다. 반면에 현대 여성들에게는 빨래를 대신해주는 세탁기라는 문명의 이기가 있다. 과거의 여성들이 손으로 빨래하는 시간에 그들은 세탁기 단추를 눌러놓고 세탁물이 빨아지는 동안 무엇인가 다른 일을 하는 여유를 즐길 수 있게 되었다(단지 세탁기의 예만 있는 것은 아니다).

그럼 이처럼 시간적 여유를 즐길 수 있게 된 여성들은 무엇을 생각하고 무엇을 했을까? 시간적 여유가 여성들에게 가져다준 커다란 이점은 바로 자신을 돌아볼 시간이 생겼다는 것이다. 과거에는 생각조차 못했던 일이다. 비로소 여성은 '나는 누구인가?'에 대한 질문을 스스로에게 던지기 시작했을 것이다.

여성문제에 대한 인식은 여기에서부터 시작한 것일 수 있다. 왜 여성에게는 정치에 참여할 권리와 의무가 제한되어 있을까? 왜 여성에게는 사회적 활동에 참여할 기회가 남성과 동등하게 주어지지 않는 것일까? 왜 여성은 남성에 비해 신체적으로나 지적으로 열등하다는 평가를 받아야 하는 것일까? 왜 여성에게는 남성과 동등한 교육의 기회가 주어지지 않는 것일까? 남성의 외도는 인정하면서 여성의 외도는 지탄의 대상이 되는 이유는 무엇일까? 시간적 여유가 생겨 자신에 대해 생각할 기회를 갖게 된 여성들에게는 이처럼 수많은 상념들이 스쳐 지나갔으며, 그들은 곧 여성운동의 선구자가 되었다.

이런 여성의 불만을 인식하고 그것을 혁명과 연결시킨 사람이 바로 레닌이었다. 그는 1917년 계급사회의 극복과 사회평등을 기치로 여성들에게 무척이나 유혹적인 여성해방 이념을 제시했다. 법적 차원에서 여성의 불평등을 완전히 제거하고, 여성의 사회 진출을 보장하기 위해서―이와는 달리 여성들의 노동력을 극대화하여 착취하기 위해서였다는 극단적인 견해도 있다―가사와 육아의 부담을 덜어주는 동시에 국가가 사회적인 보장도 약속함으로써 자본주의 사회에서 여성운동이 나아갈 방향을 제시해주었다.

여성문제는 경제, 법률, 정치, 문화 등과 밀접한 관계가 있는 사회문제의 하나다. 따라서 여성학자들은 그들의 문제를 현 서구 사회―이제는 여성문제가 단지 서구 사회에만 국한되는 것은 아니다―에서 소외받는 계층들, 예를 들어 소수민족―미국에서는 중남미 출신의 흑인이나 아시아인, 더 나아가서는 아프리카계 흑인들까지 포함한다―노동자 계급, 동성연애자의 문제와 연결시키고, 그들과의 연대를 통해서 여성들의 억압 상태를 더욱 확실하게 자각하고 평등의 원리에 더욱 철저할 수 있다고 믿는다.[3] 이런 시각은 여성문제를 '지배/피지배'로 보는 이분법적 관점에서 기인한 것일 수 있다. 또한 여성운동을 태동시킨 사회주의적 시각에 그 근거를 두고 있다는 점도 간과할 수 없다. 따라서 여성문제를 바라보는 시각엔 그런 문제가 발생한 원

3) 요즘 독일에서 사디스트와 마조히스트들의 모임까지도 활성화되어, 그들의 권리 주장이 사회문제로 떠오른다고 한다. 여성학자들이 그들의 문제를 소외받는 계층과 연대해야 한다고 강조한다면, 사디스트와 마조히스트 단체들과도 연대해야 할 것이며, 그들 나름대로의 성적 욕구 발산을 위한 수단에 긍정적인 시선을 보내야 한다. 과연 우리나라의 여성운동가들이 그들의 권리를 인정하는 데 동의할 수 있을까. 만약 그들이 윤리적으로 타락한 사람들이기에 그들의 권리를 인정할 수 없다면, 동성연애자의 경우도 초기 단계에서는 그런 부당한 취급을 받았다는 사실을 기억해야 할 것이다.

인과 지금까지 그런 차별이 지속되는 원인이 무엇인가에 대한 냉정한 분석이 필요하다. 다시 말해서 그 원인들을 단순히 지배자인 남성과 피지배자인 여성의 대립구조로 파악해서는 지엽적인 문제 접근에서 그치고 말 위험이 있다.

또한 단지 여성문제의 지적에서 그치지 말고, 보다 효과적이고 현실성 있는 대안을 제시할 필요가 있다. 누구나 알고 있듯이, '지배자/피지배자'의 구도에서 출발할 때, 이미 기득권을 누리고 있는 지배자는 피지배자의 요구에 강한 반발을 하게 마련이다. 그 요구가 지나칠 경우, 그에 따른 반발은 그 이상으로 거세진다. 오랫동안 유지된 가부장적 사회에서 여성은 마치 선천적으로 열등하게 태어난 존재인 양 남성의 보조자 노릇에 만족해야 했고, 현모양처가 되길 강요당해왔다. 고된 노동을 해도 그에 상응하는 경제권을 부여하지 않았고,[4] 재산 상속에서도 소외되었으며,[5] 가계家系의 계승에서도 호주권을 인정받지 못해 남아선호사상이 깊이 파고드는 한 원인을 제공했고, 사회생활을 금하여 바깥일을 모르는 것이 여성의 미덕이라 강조했다. 이 모든 것이 여성이 남성보다 선천적으로 열등해서가 아니라 여성의 묵인하에 기득권을 쥔 남성이 만든 제도·환경·문화, 즉 사회구조에서 기인한 것임에 틀림없다. 이렇게 되면 일단 문제를 해결할 실마리는 잡은 것이다. 다시 말해서 그런 사회구조를 타파한다면 여성문제는 해결될 수 있다. 결국 사회구조를 만드는 것이 무엇이냐는 의문에 정확한 해답을 찾는 길이 바로 여성문제를 해결하는 첩경이다.

4) 여기에 대해서는 이론의 여지가 있을 수 있다. 과거 우리나라의 웬만큼 사는 집에서는 모든 집안 식구들이 먹고 살 식량이 들어 있는 광 열쇠가 시어머니에게서 맏며느리에게로 계승되었다는 사실은 예외적인 경우라 할 수 있다.

5) 앞서 언급한 대로, 남편이 상속받은 재산에서 나온 소출을 저장한 광 열쇠를 아내가 보관했다는 점과 거꾸로 친정에서 소출된 것들을 보관한 광 열쇠를 결국 여성인 며느리가 보관하였다는 점을 상기해본다면, 재산의 등기권이 인정되지 않았다 해서 여성이 재산 상속에서 전적으로 배제되었다는 주장은 재론의 여지가 있다.

대부분의 여성학 관련 저서들에서는 여성을 차별하는 제도를 튼튼히 해주는 토대로 호주권이나 재산권 상속 등에 관한 법, 그리고 여성의 노동 및 정치적 참여에 대한 경제적·정치적 현실을 지적한다. 대부분의 사람들은 세상의 문화를 이끌어가고 형성하는 것이 바로 법이며, 경제적·정치적 현실이라고 생각하는 경향이 있다. 그러나 보다 본질적인 문제는 그런 법과 현실이 어떻게 만들어졌는가에 대한 고찰이다. 이런 문제를 닭과 달걀의 문제로 치부해버릴 수도 있다. 즉, 현실적으로 여성은 핍박받는 존재이고 모든 주도권을 남성이 지님으로써 현재와 같은 법과 현실이 만들어졌으며, 그런 법과 현실이 존재하는 한 여성문제는 개선될 수 없다는 것이다. 그러므로 지금과 같은 법과 현실을 여성 평등을 보장하는 형태로 개선해나가면 여성문제는 해결될 수 있다는 시각이 여성학계에선 보편화되어 있는 듯하다.

인간의 합의에 의해서 자의적으로 바꿀 수 있는 법의 경우에는 그런 평등성의 보장이 가능하다 할지라도, 과연 현실의 문제가 극복될 수 있을까란 의문이 남는다. 바꾸어 말해서 대부분의 여성의 머릿속에 깊이 뿌리 박혀 전승되어온 전통적 여성상이 하루아침에 법을 바꾸듯 쉽게 바뀔 수 있겠느냐는 의혹을 떨쳐버릴 수 없다.

예를 들어, 우리 사회에서 '잘 기른 딸 하나 열 아들 안 부럽다' '딸 아들 구별 말고 둘만 낳아 잘 기르자'는 구호를 외친 지가 벌써 몇 년째인가. 그런 구호 덕분에 남아선호사상이 사라졌

나? 여성해방을 부르짖으며 선두에 서 있는 사람들의 생각 속에
선 '딸은 두 번 섭섭하다'는 속담이 과감히 떨쳐졌단 말인가?
만약 그렇다면 현재 초등학교에서 나타나는 비정상적인 성비―
남자아이의 수적 우위―는 어떻게 설명해야 할까?

주부들이 즐겨보는 TV 드라마에서는 명절이면 시집간 딸 내
외와 장가간 아들 내외가 자식들을 거느리고 부모의 집에 모이
는 장면이 곧잘 나온다. 그리고 시집간 딸 내외마저 친정에서
명절을 쇠는 모습도 어렵지 않게 볼 수 있다. 분명 이런 모습은
'잘 기른 딸 하나 열 아들 안 부럽다'는 구호에 충실한 장면이
다. 그러나 이런 모습이 여성해방이 일구어낸 성과라 생각할 수
는 없다. 명절에도 아들이 부모 집에 오지 않고 며느리와 손자
들을 거느리고 처가에서 즐거운 시간을 보낸다면, 그런 아들을
둔 여성운동가 어머니는 이 역시 여성 평등이 가져온 성과라고
흔쾌히 인정하는 여유를 보일 수 있을까?

법과 제도가 여성 평등을 인정하는 쪽으로 개선된다면 여성
의 법적·경제적 지위 향상은 가능하다. 그럼에도 불구하고 여
성들은 어떤 허전함을 떨쳐버릴 수 없을 것이다. 이런 허전함이
어디에서 오는 것이며, 어떻게 하면 메워질 수 있는지를 생각해
봐야 한다.

## 2. 여성과 언어

여성문제에 대한 과학적 연구를 표방한 여성학이 태동함으로써 체계적인 여성운동이 가능할 수 있었고, 현실적으로 여성 노동자와 여성 농민이 부딪히는 문제에 좀더 합리적으로 접근할 수 있었으며, 노동자도 농민도 아닌 일반 여성들이 가정이나 사회에서 경험하게 되는 성 차별적 모순을 헤쳐나갈 수 있는 힘을 주었음을 부인할 수 없다. 게다가 그들이 전면에 나서 여성문제를 부르짖었기에 법적으로라도 남녀평등을 쟁취하는 성과도 거둘 수 있었다.

그러나 우리나라에서 여성문제가 거론된 지 어언 100여 년이 흘렀고, 여성학이 학문으로서 출범한 지도 한 세대 이상의 시간이 흘렀지만 법적인 차원 이외의 다른 부분들, 예를 들어 정치적·사회적·문화적 틀 안에서 여성의 모습은 과거와 거의 다를 바 없다. 왜 수많은 여성들은 아직도 여성이기에 겪어야 하는 억압을 감내하고, 수긍하고, 그 짐을 짊어지는 것일까? 여성학자들과 여성해방론자들이 이제 여성도 각 분야에서 여성의 능력을 발휘할 기회를 찾아야 한다고 주장하지만, 대부분의 여성들이 그런 운동에 적극적으로 동참하지 않는 것은 왜일까? 단순히 법제도에서가 아닌 사회제도 자체가 남성 위주로 만들어졌기 때문에 고착화된 제도를 뛰어넘으려면 더 많은 힘이 필요한걸까? 그렇다면 그 해결책은 의외로 간단할 수 있다. 즉, 여성들이 하나의 압력 단체를 구성하여 그들의 주장이 사회제도에 반영될 수 있도록 투쟁하는 것이다. 그러나 이런 구호는 옛날부터 있었지만 충분한 교육을 받을 여유가 없었고, 물질적으로나 시간적인 여력이 없는 대다수의 여성들에게 여성문제를 숙고해보라는 요구는 현실감이 없다. 이제부터라도 여성학이 나아가야 할 길은 몇몇 선택받은 여성을 위한 것이 아니라 교육수준, 재산의 많고 적음을 떠나 모든 여성에게 혜택이 돌아갈 수 있도록 새로운 시각에서 여성문제를 살펴보는 것이다.

여성 노동자의 문제 역시 마찬가지다. 여성 노동자들에게는 여성학자나 여성해방론자들의 뒷받침 이외에도 노동조합을 통한 권리 쟁취의 수단이 있다. 어떤 의미에서 여성 노동자의 권익을 높여준 것은 여성학자들이라기보다는 부의 재분배를 요구하는 노동조합의 역할이었을 수도 있다. 이처럼 여성 노동자들에게는 그들의 권익 옹호를 위한 기회가 자신 이외의 다른 주변

6) 도시에 있다는 이유로 다른 권익 단체들과의 빈번한 접촉의 기회가 주어진다.

단체에 의해서도 제공될 수 있다.[6]

그러나 여성 농민의 경우는 어떠한가. 그들은 자신들의 문제를 진정으로 고민해줄 지원 단체마저 없다. 농촌이나 어촌에 사는 여성들의 문제를 유명무실한 정부의 관변 단체에만 맡겨두고 있어야 하는 것일까? 농촌 여성의 삶을 직접 몸으로 부딪쳐 얻은 경험을 바탕으로 한 연구가 좀더 진실에 가깝지 않을까 생각한다. 현실적으로 이런 접근이 어렵다면, 여성의 권익투쟁이 선택받은 몇몇 여성들에게 한정된 것이 아니라 모든 여성들이 쉽게 접근할 수 있도록 이제는 다른 차원의 여성학이 필요하다.

세련된 도시 여성이나 피곤에 지친 농어촌 여성, 그리고 열악한 환경 속에서 산업 역군으로 일하는 여성 노동자 모두가 현재 여성이 처한 현실이 어떠한가를 이해하고, 왜 그렇게 될 수밖에 없었는가를 알아야 한다. 그리고 인간에 의한 여성 차별, 여성과 남성의 차이가 무엇인지를 인식함으로써 진정한 의미의 성평등을 일구어내기 위한 방법을 모색해야 한다. 이제부터 우리가 제시하려는 방법은 투쟁이나 쟁취가 아니라, 이해이고 일굼이다. 그러기 위해서는 여성의 차별상에 대한 근본적인 인식이 전제되어야 한다. 우리 여성이 어떻게 차별받고 있는지 제대로 파악하지도 않은 채 해결 방안을 찾는 행위는 기름을 지고 불로 뛰어드는 꼴이나 진배없다.

먼저 남성과 여성 모두가 신분의 고하, 교육의 정도, 부의 유무와 관계없이 공통적으로 지니고 있고, 또 지닐 수밖에 없는 것이 무엇인지 생각해보자. 여러 가지 것 중에서 우리가 일상생활에서 언제나 함께하는 언어, 즉 국어國語가 떠오를 것이다. 다시 말해서 우리가 한순간도 떼어놓고 생각할 수 없는 언어라는 매체가 바로 여성문제를 해결하는 출발점이자 종착역이 될 수 있다는 생각이다.

언어학자들의 주장에 따르면, 언어에는 사용자의 정신 세계와 언어 공동체가 공유하는 의식 세계가 반영되어 있다고 한다. 바로 이런 이유에서 우리는 여성문제를 언어를 통해 찾아보려는 것이다. 이런 주장이 옳다면, 오랜 세월 가부장적 사회에서 살아온 우리의 정신과 의식 세계는 틀림없이 우리가 사용하는 말 속에 스며들어 있을 것이다.

또한 우리 조상들이 즐겨 부르는 대중가요의 가사 속에도 여성문제는 예외 없이 자리잡고 있을 것이다. 따라서 가부장적 제도하에서 남성에 의해 철저히 길들여지고 지배받아온 여성의 모습이 바로 지금 이 시간에 우리가 사용하는 언어 속에 그대로 반영되어 있을 것이다. 언어는 사회구조의 반영이지만, 거꾸로 사회구조는 언어의 틀에 맞춰 만들어지기도 한다. 달리 말하면 언어 속에 남녀의 차별상이 그대로 유지되는 한, 법적·제도적·경제적·정치적인 남녀평등이 구현될지라도 그런 언어를 사용하는 우리들의 머릿속에는 여전히 여성에 대한 차별 의식이 남고, 그런 의식은 은연중에 사회구조에 스며들게 마련이다. 여성 정치 후보자의 가장 커다란 벽이 바로 여성 유권자인 이유도 여기에서 찾아야 한다. 원칙적으로 여성 후보자와 남성 후보자는 법적으로 동등한 조건에서 출발하지만 그 결과가 다르게 나타나는 이유는 바로 우리의 의식 속에 남아 있는 여성에 대한 편견 때문이다.

이제 우리가 찾아야 할 것이 무엇인지 분명해졌다. 왜 우리는 여성을 차별하게 되었는가?

전통적인 여성관을 마치 조상이 물려준 소중한 유산인 양 과감히 떨쳐버리지 못하는 이유는 무엇인가. 지금 사용하는 우리의 언어가 과거의 언어와 크게 다르지 않다면, 이전 세대 사람들의 의식 세계가 스며든 과거와 현재의 언어 속에 여성은 어떤 모습으로 그려져 있나? 이런 질문들에 답하기 위해 우리가 사용하는 언어에 나타나는 여성 차별 현상을 찾아봐야 한다. 언어는 우리가 태어나는 순간부터 사회화되는 과정에 이르기까지 언제나 우리 곁에 있으면서 남자와 여자가 무엇인지를 정의해준다. 여성은 남성과 동등한 존재라고 교육받지만 실제 언어 생활에서 차별적 언어 속에 방치된 여성은 어쩔 수 없이 이중적인 가치관에 길들여지고, 그들이 성인이 되어 법적·사회적으로 남성보다 우월한 지위를 누린다 할지라도 여성이 사용하는 언어나 남성이 여성을 칭하는 언어에 여성을 비하하는 의미가 담겨 있다면 그 괴리를 뛰어넘기 어려울 것이다.

사회학적 관점에서 남자아이의 특징을 독립심, 공격성, 경쟁심, 지도력, 사회 지향성, 외향성, 자주성, 혁신성, 자기 연마, 냉철함, 활동성, 객관성, 분석력, 용기, 둔감성, 합리성, 확신감, 정서적 통제력 등으로 말하는 반면, 여자아이는 의존성, 수동성, 유약성, 인내심의 부족, 비공격성, 비경쟁성, 내향성, 개인지향성, 동정심, 민감성, 주관성, 직관성, 양보심, 감수성 등의 특징으로 구분된다. 남녀를 이런 특징들로 구분한 것이 바로 언어이고, 그런 언어적 사용에 대한 고정관념이 사내아이와 계집아이를 그토록 다르게 만들었다. 왜 남자아이는 객관적인 분석력을 가진 반면, 여자아이는 주관적인 직관에 의존한다는 관념이 뿌리내리게 되었을까? 우리는 이런 관념이 매일 사용하는 낱말에 그대로 담긴 것을 알 수 있다. 예를 들자면 비록 교육을 받아 여성의 권리 주장에 관심 있는 어머니라 할지라도 아들이 육두문자를 섞어가며 욕을 할 경우와 딸이 그와 똑같은 욕을 할 때, 어떤 반응을 보이는가를 생각해보자. '여자아이가 그렇게 말하면 못 써!' 라고 말하지는 않았던가. 꼭 여자아이라고 못박을 필요가 있는가. 또 이웃이나 친척이 와서 아들에게 '이놈, 참 씩씩하게 생겼네!' 라고 할 때는 유쾌한 기분이 들지만, 딸을 두고 '이 자식, 참 씩씩하게 생겼네!' 라고 할 때도 유쾌하기 그지없던가? 딸에게는 '이 자식, 참 예쁘장하게 생겼네!' 라고 말해주기를 바라지 않았던가?

이처럼 언어는 어린 시절부터 남녀를 철저히 구분한다. 어떤 의미에서 사회에 존재하는 어떤 제도적인 틀보다 남녀를 분명하게 구분하는 것이 바로 언어라 할 수 있다. 그리고 우리는 어린 시절부터 언어에 의해 구분된 남자와 여자로서 산다. 즉, 남자아이에게는 능동적이고 공격적이며 모험적인 삶을 살아가길 바라고, 여자아이는 순종적이고 부드러우며 어머니를 도울 줄 아는 감성적인 아이로 자라길 바란다. 이렇게 키워진 여성은 사회에 진출하여 그들과 남자의 지위가 동등하고 법적·사회적으로 평등한 대우를 받는다 할지라도, 가정에서는 그저 여자일 뿐이다. 결국 여자는 완전히 다른 두 개의 세계에서 살아가는 결과가 초래된다.

앞에서 나열한 사내아이와 계집아이의 특징들, 더 나아가서는 남성과 여성의 특징들이 우리말의 기초를 이루는 낱말들에서는 어떻게 나타나는가를 살펴보는 것이 이 글의 목적이다. 만약 이런 특징들이 우리가 남성이나 여성을 칭하기 위해서 사용하는 호칭들에 그대로 반영되어 있다면, 남성에게서는 씩씩하고 용감한 느낌을 주는 상징어를 이용해 무한한 가능성을 기대하고, 이와는 정반대로 여성은 제아무리 성공했을지라도 언어에서 규정한 대로 여자의 속성을 위배한 여자로 보고 심지어는 폄하한다는 사실을 찾아볼 수 있다.

언어에 나타나는 여성의 차별상이 어떠한지도 모른 채 그저 예부터 써온 글이라 해서, 그 속에 담긴 의미를 무시하고 사용한다면 여성학자들의 여성의 권익을 위해 쓰는 글에서조차도 여성을 욕하는 꼴이 되고 만다. 따라서 여성문제를 자본주의적 모순에서 기인하는 사회적 현상으로만 이해할 수는 없다. 경제적인 독립, 정치적 위치의 확보, 법적 지위에서의 평등이 여성문제를 해결해줄 수 있는 한 방편임에는 틀림없지만, 무엇보다도 중요한 정신 세계의 평등은 언어에서의 평등을 통해 찾을 수 있다고 생각한다. 경제적·사회적 측면에서 여성문제를 해결하기 위해서는 엄청난 노력을 기울이면서, 왜 언어적 차원에는 소홀한 것일까.

　그러나 언어에 담겨 있는 여성의 왜곡된 모습을 더이상 외면할 수 없으며, 이제 그런 차별을 타파하기 위해서는 여성문제를 학문적으로 고민하는 여성학자만이 아니라 모든 여성, 나아가서는 하나의 민족이기를 원하는 모든 사람이 동참해야 할 것이다. 차별상을 보이는 단어들을 쓰지 말자는 단세포적 주장은 언어의 특성을 도외시한 무지의 소산일 뿐이다. 언어 문제는 지금까지의 연구와는 달리 보다 신중하고 객관적이고 설득력 있게 접근해야 한다.

# 2장
# 우리말에 나타난 여성과 남성

우리나라에서만이 아니라 거의 대부분의 국가에서 여성론자들은 재산권, 참정권 등 여성에 대한 유형적인 문제를 주로 거론해왔다. 그러나 여성 차별의 기저를 이루는 이런 차별 현상에 어떤 변화도 나타나지 않는 현실에 대한 답답함에서, 그리고 자각조차 하지 못한 채 무심한 세월이 속절없이 흘러 언어 차별은 그대로 굳어지고 앞으로 그에 대한 어떠한 논의도 없을지도 모른다는 노파심에서 이 글을 쓰기로 했다. 언어에서의 여성 차별을 단순히 언어학의 문제가 아니라 여성의 문제를 논하는 사회학의 한 분야로 끌어보자는 것이 이 글의 목적이다.

그런 방향에서의 변화를 억지로 찾아보자면, 글이라는 수단으로 여성문제와 여성해방을 문학적으로 표현하는 이른바 여성해방문학 계열의 소설이나 연극을 예로 들 수 있다. 그러나 그런 것들마저도 실제로 나타내려는 의도는 언어 자체의 문제보다는 현 사회에서 여성이 겪는 갈등을 극복하고 인간으로서 여성이 느끼는 욕구를 발산하는 과정에 더욱 초점을 맞추고 있다.

이 글의 목적은 '언어는 사용자의 정신 구조를 반영하고, 또한 만들어간다' 는 언어와 인간의 관계를 긍정적으로 받아들이고, 언어에 나타나는 여성 차별상을 살펴봄으로써 새로운 차원의 여성학에 대한 환기를 하는 데 있다.

언어의 문제는 기계공학이나 자연과학의 처방처럼 즉각적인 효과를 가져오긴 힘들다. 한 가지 예로, 미국에서 기혼 여성과 미혼 여성을 통칭하는 단어로 제시한 '미즈' 가 자리잡는 데 얼마나 많은 시간이 걸렸는가. 또 그런 호칭이 완전히 '미스' 와 '미시즈' 를 대신했는가. 여성문제를 보다 진지하게 살펴보고,

해결책을 찾기 위해서는 먼저 우리말에 나타나는 여성의 모습을 살펴봐야 한다. 다음 세대의 여성을 위해서도 물질적 안정과 정치적 해방을 보장해주는 여성운동을 뛰어넘어 그들의 정신적인 만족까지 포괄하는 새로운 방향의 여성운동이 절실한 때다.

이제 우리는 우리말에서 나타나는 여성 차별상을 세 가지 관점에서 살필 것이다. 우리네 삶의 가장 기본적인 단위인 가족에서 출발하여 가족간의 호칭을 중심으로 사용되는 어휘들의 차이를 분석하고, 사회·문화적 관계에서 남녀를 지칭하는 단어들의 쓰임새를 어원론적 관점에서 고찰할 것이다. 마지막으로는 관상학 및 골상학적 입장에서 신체 부위, 특히 얼굴을 구성하는 부분들을 가리키는 어휘와 그것이 여성과 남성에게 요구하는 상像들, 그리고 언어에서 필연적으로 제기되게 마련인 성적性的인 관념과도 연결해보고자 한다.

거의 모든 단어들에서 남자의 모습과는 달리 여자의 모습은 예상처럼 여성을 사물화하는 방향으로 기술되고 있다. 즉, 여성이 경제적 독립과 정치적 해방을 통해 일정한 성과—경제적·물질적 만족감—를 거둘지라도, 자신의 일부처럼 친숙하게 사용하는 언어에 나타나는 차별을 극복하지 못하는 이상 정신적

해방까지 맛보긴 어렵다. 물질적 개념이 모든 것을 대신하는 지금과 같은 상황에서 여성의 활동을 통한 경제적 독립이 정신적 해방으로까지 연결될 수 있다고 얘기할지도 모른다. 그런 주장은 여성을 배만 부르면 모든 것이 만족스런 하등동물로 전락시키고 마는 단순한 생각일 뿐이다.

이제 이 글의 목적은 분명해졌다. 우리가 일상생활에서 사용하는 언어에 여성이 어떤 모습으로 기술되고 있는가를 좀더 철저하게 분석해봄으로써 그에 대한 대응책을 마련할 수 있는 계기로 삼자는 것이다. 그 가능성을 타진하기보다는 우선 이 작업의 문을 연다는 데 의미를 두고 여성문제의 언어학적 접근을 시도해보겠다.

# 1. 가족관계

우리말에서 가족의 개념을 넓게 잡으면 상호간의 호칭은 복잡하기 이를 데 없다. 가족을 이루는 구조에서 중심이 되는 사람이 어느 계층에 속하나, 성性이 어떠한가, 어머니 쪽인가 아니면 아버지 쪽인가 등에 따라서 그 호칭이 달라진다. 여러 상황에서 달라지는 모든 호칭을 다루기는 어려우므로, 사촌 이내 혹은 '나'를 중심으로 하여 가장 가까운 관계에 있는 구성원의 호칭을 중심으로 살펴보자.

## (1) 형제와 자매

같은 부모를 지닌 동기간을 의미하는 단어로는 형제, 자매 그리고 오누이가 있다.[1] 우선 오누이는 오라비와 누이의 남녀 형

1) '오뉘'란 '오누이'의 준말이다.

제를, 자매는 여자들의 관계를, 그리고 형제는 주로 남자들의 관계를 뜻하지만 과거처럼 현재에도 여전히 여자들의 관계, 혹은 여자와 남자의 관계까지도 포함할 수 있다.[2]

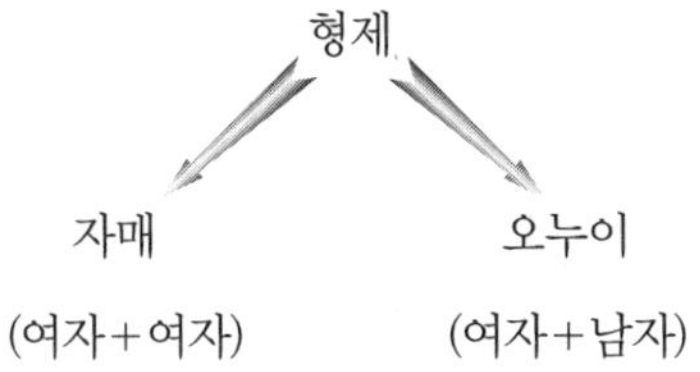


이처럼 형제가 같은 부모를 지닌 동기간을 의미하다가 남자 형제들의 관계뿐만 아니라 모든 동기간의 관계를 포괄한다는 사실을 어떻게 해석해야 할까?

위의 도식에서 볼 수 있듯이, 자매와 오누이란 단어는 형제에 대해 종속적이다. 남자들의 관계는 형과 아우로서 당연한 관계지만, 여자만을 관계망 속에 포함시키는 자매와 오누이는 우리의 의식 세계에 자리잡기 위해 그 관계를 특별히 의미하는 단어를 필요로 한다.[3]

결국 형제는 모든 관계를 포함하지만, 자매는 한정된 관계만을 가리킨다. 차츰 형제는 남자만의 관계를 칭하는 경향이 강해지고 있다. 대학사회나 이익집단에서 젊은 여성들이 연상의 남자에게 오빠나 오라비 대신에 '형'이라 호칭하는 것은 여성 자신을 남성화하거나 거꾸로 상대인 남성과 동등한 지위에 있음을 자신에게 암시하는 효과가 있는 반면, 남성들만의 호칭에 대

2) 특히 내 아내가 형님의 아내인 형수를 형님이라 칭하는 데서 여자들의 관계에서도 형제란 단어의 사용이 가능함을 확인할 수 있다.

3) 영어나 프랑스어 등 서구의 언어들에서 인간을 뜻하는 단어가 바로 남자를 의미하고, 여자를 뜻하는 단어는 별도로 존재한다는 사실과 흡사하다.

女子

한 일종의 경외감의 표시로도 보인다. 어쨌든 형제란 모든 관계를 함축할 수 있지만, 남성만의 관계도 의미하므로 남성에 의한 여성의 종속을 엿볼 수 있는 단어다.

'형제/자매' 란 단어에서 파생된 합성어를 살펴보자.

|  |  |
| --- | --- |
| 자매기관 | 형제지국兄弟之國 |
| 자매선姉妹船 | 형제지의兄弟之宜 |
| 자매신문(자매지) | 형제궁 |
| 자매도시 | 형제애 |
| 자매결연 | 형제혁장[4] |
| 자매학교 |  |
| 자매편 |  |
| 자매회사 |  |

4) 같은 종족끼리의 다툼을 의미한다.

위의 예에서 볼 수 있듯이, 형제와 결합해 이루어진 합성어들은 국가, 정의, 하늘 등과 같이 그 규모가 큰 반면 자매와 결합해 이루어진 단어들은 모두가 소규모 단체를 의미한다. 즉, 남성과 여성에게 바라는 기대치가 달랐음을 알 수 있다.

그런데 여기에서 흥미로운 사실을 한 가지 지적해둘 필요가 있다. 일반적으로 순 우리말인 오누이는 '오라버니' 와 '손아래 누이' 의 관계, 그리고 '오라비' 와 '손위 누이' 의 관계를 통칭한다. 그런데 일상 언어에서는 이와 동일한 뜻을 지닌 한자어 '남매男妹' 가 오누이보다는 더 친숙하게 사용된다. 이때 '매妹' 라는 한자가 의미하는 바를 생각해보자.

여자 형제끼리의 관계를 '자매姉妹'라 칭한다. 이때 '자姉'는 손위 누이를, '매妹'는 손아래 누이를 가리킨다. 따라서 '오누이'보다 더 빈번하게 사용하는 '남매'란 결국 '남자아이'와 '손아래 누이'만의 관계를 뜻하고 있음에도, 지금은 동기간의 남녀 관계를 통칭하는 단어로 그 의미가 확장되어 쓰인다. 특히 '매妹'를 분석해보면, 그런 사용이 오용이고 단어 속에 여성에 대한 비하가 잠재되었음을 알 수 있다.

$$妹(손아래\ 누이\ 매) = 女(여자) + 未(끝)$$

결국 순수하고 아름다운 완전한 관계를 의미하던 '오누이'란 단어가 보다 의미 폭이 좁고, 여성의 모습을 왜소화한 '남매'란 단어에 의해 밀려났다. 언어 사용에서도 악화가 양화를 구축하는 결과가 나타난 것이다. 여성의 본래 모습을 찾기 위해서는 지금부터라도 순수하고 아름다운 우리말 찾기 운동이 필요하며, 이런 운동을 통해서 손위 누이마저도 손아래 누이로 전락시키고 마는 '남매' 대신에 '오누이'를 회복함으로써 여성 차별의 간극을 조금이라도 좁혀갈 수 있지 않을까 생각해본다.[5]

5) '오빠와 누이'의 분석에 대해서는 p. 61 참조.

## (2) 형수와 매형

남자를 중심으로 형수는 형의 아내를, 매형은 손위 누이의 남편을 일컫는 단어다. 반면에 남동생의 아내는 계수 혹은 제수가

되고, 손아래 누이의 남편은 매제가 된다. 또한 매형과 매제를 한데 합하여 매부妹夫라는 단어로 통칭하지만, 형수와 제수를 함께 일컫는 단어는 독립적으로 존재하지 않는다.[6]

6) 그들끼리의 관계는 동서 同壻이며, 또한 남편들의 형제 관계에 의해 형이나 동생으로 칭하기도 한다.

| 남자 | | 여자 | |
|---|---|---|---|
| 남자 | 여자 | 남자 | 여자 |
| 매부 | ? | ? | 올케 |
| 매형 | 형수 | 여자 | 형부? |
| 매제 | 계수(제수) | 제부 | ? |

반면에 여자가 중심에 놓인 경우, 오빠와 남동생의 아내를 통칭하는 단어로 올케라는 표현이 사용되며, 여동생의 남편은 형부, 제부라는 표현으로 구분된다.[7]

위의 도표에서 보듯이, 지시 대상자가 여자인 경우 중심되는 사람이 남자인가 여자인가에 따라서 형수, 제수, 올케로 구분되어 불린다. 이때 올케는 상하 구분 없이 다만 오빠의 부인이냐, 동생의 부인이냐에 따라서 손위 올케, 손아래 올케로 나누어진다. 즉, 그들의 구분 역시 남성을 중심에 놓고 결정하는 것이다. 그런데 올케란 단어의 어원을 알게 된 순간 우리는 놀라지 않을 수 없다.

7) 실제로 우리 국어사전에서 '제부' '계부'란 단어를 찾아볼 수 없다. 그러나 오용일지는 모르지만 실제 생활에서 제부란 단어를 사용하고 있다는 점에서 형부의 대립어로 기록해두고자 한다.

올케＝오라비＋계집

즉, 올케란 오라비의 계집이란 복합어가 축약되어 새롭게 탄생한 낱말인 것이다. 올케는 시집살이를 하며 시중을 들고 살아야 하는 여필종부女必從夫의 문화를 그대로 반영하는 단어다. 시누이에게 오빠나 동생의 아내로 들어온 여성은 가통을 계승할 남자의 집에 들어와, 죽을 때까지 그 집안을 위해 희생해야 할 인물 정도로 생각되는 것이다.

그렇다면 남성은 집안에 새로 들어온 여성의 역할을 어떻게 생각할까. '형수/제수'에서 '형'과 '제'는 나(남자)를 중심으로 형님이냐 동생이냐를 정해주는 요소일 뿐이며, 그 의미를 담고 있는 단어는 '수嫂'다. 이 한자의 분석으로 '형수/제수'의 의미가 밝혀진다.

$$嫂(형수 수)=女(여자)+叟(늙은이)$$

'嫂'는 늙은이를 의미한다. 즉, 형수나 제수는 '형이나 동생 곁에 있는 늙은 여자'라는 뜻이다. 이 단어의 의미 분석을 위해 늙은이란 단어에서 우리가 상상해볼 수 있는 것이 무엇인가? 가정에서 늙은이의 역할은 경륜을 바탕으로 혈기에 넘쳐 좌충우돌하는 젊은이를 훈계하는 사람, 다른 관점에서는 고리타분한 존재, 즉 곁에서 조언하는 사람 정도의 의미로 받아들여질 수 있다. 그렇다면 형수는 형을 곁에서 은밀히 돕는 내조자, 제수는 동생의 내조자라는 의미가 된다.

형수든 재수든, 올케가 되었든 간에 그들이 중심 인물이 아닌

女子

종속적 존재임을 표현하는 단어들임에 틀림없다. 이처럼 우리
가 일상생활에서 아무 의식 없이 사용하는 평범한 단어들에서
도 여성은 부수적인 존재로 표현되고 있다.

이번에는 거꾸로 나의 여자 형제의 혼인으로 새롭게 받아들
인 남자, 즉 매부와 형부, 제부의 의미를 살펴보자. 이 경우에도
한자어의 분석을 시도해본다.

妹夫(매부)＝女(여자)＋未(끝)＋夫(지아비)

매부는 '내 누이의 지아비'다. 이때 '지아비'는 남성 중심의
사고로부터 나온 단어다. '지아비'는 '짓(집)＋아비(아버지)'
로 분석된다. 달리 말해서 집에서 전권을 행사하는 사람이다.
이처럼 매부는 우리 집안과 새로운 관계를 맺은 남자가 아니라
누이의 지아비로서 누이를 소유한 사람이다. 결국 누이는 우리
집에서 떠난 존재가 된다.

그런데 왜 손위 누이의 남편마저도 여동생을 뜻하는 '매妹'와
더불어 하나의 단어를 이루게 되었을까? 그런 언어 사용에 대한
불만으로 '자형姉兄'이란 단어가 생긴 것일지도 모른다. 상대적
으로 자형은 매형妹兄보다 훨씬 남성 중심적이다. 올케의 쓰임
과는 달리 남성을 우위에 놓기 위해 자형이란 단어가 쓰인 것일
수도 있다.

이제 여자가 중심에 놓이는 '형부/제부'의 의미를 살펴보자.
앞에서 언급한 것처럼 언니와 여동생을 모두 형제란 단어로 표

현할 수 있다. 따라서 '형부兄夫'란 언니의 지아비이자 언니의 소유자다. 반면에 '제부'는 국어사전에서는 찾아볼 수 없는 단어지만, 형부兄夫의 용례로 볼 때 '제부' 역시 弟夫로 표기되어야 마땅하다. '형부'가 이미 언어 사용자들 사이에서 확고히 굳어진 단어로 어떤 변화도 줄 수 없다면, 여성의 입장에서 새롭게 사용되는 '제부'는 적어도 여성을 중심에 놓고 '弟夫'보다는 '姊夫'를 선택할 수 있어야 하며,[8] 그런 실현을 위해 한번 노력해볼 만하다.

## (3) 며느리와 사위

아들의 아내가 며느리이고, 딸의 남편이 사위인 것은 누구나 다 알고 있는 사실이다. 둘 다 새 식구라는 점에선 별 차이가 없다. 그러나 '며느리가 미우면 손자까지 밉다' '사위는 백년 손님'이라는 속담도 있듯이,[9] 며느리는 미움의 대상이고 사위는 공경의 대상이다. 이렇게 며느리와 사위가 상반된 대우를 받는 원인을 어원적으로 찾아보고, 그 단어들에 담긴 우리의 의식 세계를 알아보자.

우선 며느리의 어원을 살펴보자. 일반적인 연구에 따르면, 며느리의 어원은 '메ᄂ리'라고 한다. 이때 '메'는 음식을 뜻하는 말이고,[10] 'ᄂ리'는 'ᄂ르~(나르다)+이(주격 조사)로 분석되어 곧 '나르는 사람'이 된다. 다시 말해서 며느리는 '음식을 나르는 사람'에서 온 것이라 할 수 있으며, 그런 관념으로부터 아들의 아내에게 '며느리'란 호칭이 부여된 것이다. 따라서 며느리

8) 『계림유사』에서는 동생의 처를 나매 嫄妹라 기록하고 있다. 그러나 이런 낱말은 지금 어디에서도 쓰이지 않고, 현대 국어사전에서조차 기록되지 않았다.

9) 속담에 나타나는 남녀의 차별상은 4장에서 자세히 살펴볼 것이다.

10) 제상에 올리는 음식으로 '뫼'라는 단어가 사용되고 있다.

는 조상의 제사를 위해 음식을 장만하여 나르고, 살아 계신 부모에게는 아침저녁으로 음식을 봉양하는 책임을 도맡은 사람이었다.[11]

며느리와 함께 연상되는 단어로 '민며느리' 가 있다. 민며느리의 사전적 의미는 '장래에 며느리 삼으려고 민머리(쪽지지 않은 머리)인 채로 데려다 기르는 계집아이' 로 되어 있지만, 과거에는 '짐승을 기르고 아이를 돌보는 아이' 였다.

$$민며느리 = 민(밑) + 며느리$$

위의 분석에서 볼 수 있듯이, 민며느리는 생활의 근거(밑)를 이루는 온갖 잡다한 일들을 도맡아 하는 존재였다.

그렇다면 '사위' 는 어떤 의미를 지닌 단어일까? 다행인지 불행인지 며느리와 그 경우가 전혀 다르다. 사위의 어원으로 인정되는 옛말은 '순(장정) + 방' 이다.[12] 즉, 힘센 장정으로 태어난 사람이다. 이때 여자의 집에서 보면 신랑인 '순방' 은 새로 꾸민 방에 들어온 사람인 까닭에 '새방' 이라고도 이해될 수 있고, 한편으로는 글방에서 글을 읽는 도령이란 뜻에서 '서방書房' 이라고도 이해되었다. 그런데 장인이나 장모는 새신랑을 두고 '샤옹 夫' 이라고 칭하였으며, 이런 음이 변하여 결국 오늘날에 사용되는 '사위' 가 되었다.[13]

한편으로 '민며느리' 와 대립되는 '데릴사위' 는 결국 집안의 대를 잇기 위해 '데려온 + 사위' 가 된다. 생활의 터전을 닦기 위

11) 정호완, 『우리말의 상상력』, 1991, 정신세계사.

12) 이때 '방' 이란 장돌뱅이처럼 사람을 비하해서 칭하는 호칭이다.

13) 최창렬, 『우리말 어원연구』, 1988, 일지사.

해 온갖 일을 마다하지 않던 '민며느리'와는 반대로 '데릴사위'는 집안의 대를 이어줄 소중한 존재였다.

이런 변화를 인정할 경우, '사위'는 새로 꾸며놓은 방에 들어온 남자인 동시에 점잖게 앉아 글을 읽음으로써 장래를 기약하는 무시하지 못할 사내다. 고된 노동과 말없는 봉사의 의미가 '며느리'인 반면에, '사위'는 그 당사자가 누릴 좋은 환경과 기대를 담고 있는 단어다. 또한 영원한 새 식구로 맞아들인 며느리에 대한 대우보다 그저 딸의 혼인으로 반半 식구가 된 사위에 대한 대우가 더욱 극진했던 것에서 우리말에 숨어 있는 여성에 대한 차별을 읽을 수 있다. 특히 며느리에 창조적·생산적인 의미와는 전혀 관계없이 그저 음식이나 지어 나르는 사람이란 의미만이 들어 있다니, 여성 차별의 단계를 넘어서 무시의 단계에까지 이르지 않았나 싶다.

## (4) 시아버지와 장인

이번에는 젊은 남녀의 혼인으로 새롭게 형성되는 부모와의 관계를 살펴보자. 신랑측에서 신부의 아버지와 어머니는 장인, 장모가 되고 신부측에서 신랑의 아버지와 어머니는 시아버지, 시어머니가 된다. 그런데 이 낱말들을 좀더 자세히 들여다보면, 신부의 아버지와 어머니가 신랑의 아버지와 어머니에 비해 언어적으로 홀대받고 있다는 느낌을 지울 수 없다.

먼저 시아버지와 시어머니의 개념을 살펴보자. 이 낱말들의 어원에 대해서는 두 가지 설이 대립하고 있다.

女子

14) 아버지와 어머니의 어원적 의미에 대해서는 2장 1절 참조.

새〔新〕+아버지／어머니

시〔媤〕+아버지／어머니[14]

즉, 새롭게 받아들이는 아버지와 어머니라는 개념과 함께 한자어가 상징하는 것처럼 언제나 가슴속에 품고 소중하게 생각해야 할 아버지와 어머니라는 의미가 있다. 이 두 가지 설에는 모두 남편의 부모는 여자에게 있어 소중하고 귀중한 존재임을 못박고 있다.

丈(어른 장)+人(사람 인)

丈(어른 장)+母(어미 모)

단순히 어른인 남자와 여자일 뿐이다. 즉, 아내를 통해 새롭게 관계 맺는 어른들로서 여기에는 어른을 향한 일반적인 존경이 담겨 있다. 한편 장인, 장모 외에도 빙부, 빙모라는 호칭이 존재한다.

聘(부를 빙)=耳(귀)+甹(묻다)

이처럼 '빙聘'이 지닌 본래 의미는 방문하여 귀에 대고 안부를 묻는 것으로, 이 뜻이 전이되어 '부르다'란 의미로 발전했다. 결국 빙부와 빙모는 사위가 잠시 들러 안부를 묻는 사람, 혹은 거꾸로 얼굴 보기 힘든 사위의 안부를 알고 싶어 사위를 초대하는 사람이라고 할 수 있다.

시〔新, 媤〕와 관련하여 연상되는 개념은 바로 '장가가다' 와 '시집오다' 란 단어다. 장가杖家는 곧 장인의 집이며, 시집이란 결국 '새 집' 이란 의미가 된다는 사실을 쉽게 알 수 있다. 즉, 남자는 장인의 집으로 가는 것이며, 여자는 새 집으로 들어오는 것이다. 여기까지는 남자와 여자의 경우가 동등하게 보인다.[15]

'장가가다' 와 아울러 '장가들다' 는 표현은 가능하지만, '시집가다' 와 같은 의미로 '시집들다' 라고는 하지 않는다. '들다' 의 어원적 의미는 '잠시 들르다' 이다. 다시 말해서 사위는 장인의 집에 잠시 들렀다 떠나는 사람인 반면, 며느리는 새 집에 들어와 평생 시부모를 봉양하며 살아야 할 사람인 것이다. 앞에서 보았던 시아버지와 시어머니의 어원적 의미와 장인과 장모, 특히 빙부와 빙모의 의미에서도 사위와 며느리의 숙명은 다르게 나타난다.

따라서 사위의 관점에서 장인과 장모는 그저 손위 어른일 뿐이지만, 며느리에게 시아버지와 시어머니는 친부모처럼 떠받들고 효도해야 할 존재라는 것을 언어가 충실히 반영해준다.

## (5) 마누라와 영감

지금으로부터 20여 년 전, 하춘화와 고봉산이란 가수가 함께 불러 대중들의 입에 오르내렸던 '잘했군 잘했어' 란 가요가 있었다. 이 가요에서 여자인 하춘화는 남자인 고봉산을 '영감' 이라고 칭하고, 반대로 고봉산은 하춘화를 '마누라' 로 칭한다. 이 낱

15) 엄격하게 말하면 그렇지도 않다. '가다' 와 '들어오다' 라는 동사의 쓰임을 통해 가는 사람도 남자이며 새 집도 남자의 집이라는 점에서 남성을 중심에 두고 있음을 알 수 있다.

女子

말들이 처음 쓰였던 당시의 정확한 의미는 확실하지 않지만, 지금 사용되는 '마누라'에는 어감상 가벼운 빈정거림이 느껴지는 반면에 영감에게는 존칭적 의미가 느껴진다. 그 차이를 좀더 자세히 알아보기 위해, 단어들의 어원적 의미와 그 속에 내재된 남녀의 차별상을 살펴보기로 하자.

'마누라'에 대한 정확한 어원은 밝혀진 바 없지만,[16] 어원 해석에서 유추해석의 중요성을 감안할 때 '마누라'의 어원적 해석을 위해서도 이 방법에 의존해볼 만하다.

지체 높은 집 부인에 대한 존칭으로 '마님'이나 '마나님'이란 표현을 쓴다. 이런 호칭에 근거하여 우리는 '마누라'를 다음과 같이 분석해볼 수 있다.

마(媽) + 님(존칭 조사) = 마님
마(媽) + 아(호격 조사) = 마누라

다시 말해서 마나님이나 마님에는 존칭 조사 '님'이 덧붙여진 반면에, 마누라는 좀더 다정한 느낌을 주기 위해 호격 조사가 사용된 것이 아닌가 추측된다. 또한 중국어에서도 어머니를 '마'로 발음하고 마님, 마나님, 마누라에서도 '마'가 모두 장음으로 발음되므로 이 단어들이 동일한 바탕에서 출발한 것이라는 추정은 더욱 확실해진다. 그렇다면 '마누라'의 근원적 의미는 '어머니'와 같다. 아내를 어머니에 빗댄 것을 어떻게 해석해야 할까? 어린 시절 우리는 거의 모든 것을 아버지보다는 어머

16) 마누라는 조선시대에는 대비 마노라, 대전 마노라 등에서처럼 마마와 혼용되어 쓰이던 극존칭어였다. 그러다가 조선 왕조가 막을 내리기 시작하던 무렵부터 아내를 일컫는 말로 변했다고 한다. 그러나 우리가 주목하는 바는 마누라가 지녔던 원래 의미를 유추해보는 것이므로, 이런 용례의 변화는 큰 의미를 갖지 못할 수 있다.

니에게 의지한다. 아버지는 엄격의 상징으로 '엄친嚴親'이라 칭하고, 어머니는 모든 잘못을 감싸주는 자애로운 분이므로 '자친慈親'이라 하지 않는가. 이처럼 성년이 되어 맞아들인 아내가 어린 시절의 어머니처럼 모든 것을 챙겨주고, 또한 모든 잘못을 용서해주는 상대란 것을 다정하게 칭한 단어가 바로 '마누라'가 아닌가 생각된다.

시집오기 전에는 몸가짐을 유의하도록 교육받고, 결혼하여 남편 집에 들어가서도 남편의 잘못을 힐책하거나 시기하지 않고, 모든 허물을 덮어주며 참아내는 인종의 여인상이 '마누라'란 단어에 은밀하게 숨어 있다. 그러므로 여성은 남편이 다정하게 부르는 '마누라'란 호칭을 기쁘게 받아들여야 하는 존재라는 것이다.

그럼 '영감'은 어떠한가? 영감은 마누라와 달리 한자어로 이루어져 있다.

令(명령할 령)＝合(부합되다)＋卩(임명 증서)
監(감독할 감)＝臨(임하다)＋血(피)

이처럼 영감이란 신(神 : 임금)의 부름을 받아 명령할 수 있는 자리에 임해 있는 사람이라는 해석이 가능하다. 그러나 영감이란 원래 정삼품이나 종이품의 벼슬아치를 높여 그 관직명에 붙여서 부르던 말로 어느 정도 지체가 있거나 나이가 지긋한 사람을 연상시킨다. 그런데 현재는 고하를 막론하고 자기보다 상관인 사람을 부르는 단어로 사용된다. 어쨌든 관직의 등용 여부를 막론하고 조금이라도 나이 든 남편을 '영감'이라 칭했고, 지금까지 칭하고 있음은 자신의 지아비를 조금이라도 높여 부르고자 하는 여인의 심정을 나타낸 것이라 할 수 있다. 여성의 정체성(identity)이 여성 자신보다는 남편의 사회적 신분에 의해 결정되었던 당시의 세태에 비춰보건대 남편의 지위 상승은 곧 아내의 지위 상승으로 직결되었다. 이런 관습은 현재도 여전히 남아 있는데, 전에 군軍의 숙청이 있었을 때 남편의 장성 진급을 위해 발 벗고 나섰던 사람들이 바로 그들의 아내였고, 그런 장성의 진급에 영향을 미쳤던 사람들이 바로 진급 심사를 맡은 장성들의 부인이었다는 것은 웃고 지나칠 일이 아니다. 또한 자신보다 조금이라도 지위가 높은 상관의 부인은 무조건 '사모님'이라 불리는 마당에, 어떤 여성이 자기 남편의 호칭에 무심할 수 있겠는가?

결국 '마누라'는 여성의 숙명을 담고 있는 전형적인 여성의 낱말인 반면, '영감'은 여성들의 신분까지 좌우하게 될 남편의 미래에 대한 기대가 담긴 낱말이다.

## (6) 부인과 남편

'부인'과 '남편'은 둘 다 한자어다. 따라서 이 단어들의 의미를 좀더 근원적으로 분석하기 위해서는 먼저 한자어를 분석해보는 것이 현명하다.

우선 '부인婦人'의 한자어부터 분석해보자.

婦(며느리 부)＝女(여자)＋帚(빗자루)

결국 '부인'이란 빗자루를 들고 있는 여자, 즉 바깥에서 일하고 돌아오는 남편을 맞기 위해 집안을 깨끗이 청소해두어야 할 여자라는 의미가 된다. 다시 말해서 '부인'은 부드럽고 공손한 여인[17]이 몸을 부지런히 놀려 집안을 깨끗하게 치우고 살림을 알뜰하게 해야 한다는 의미를 지닌다.

'부인'의 한자어로 '婦人' 이외에 '夫人'이 있다.

夫人＝夫(지아비)＋人(사람)

이 단어는 비록 남의 부인을 높여 부르는 말이라고는 하지만, 그 의미는 '지아비의 사람', 곧 남자에게 소속된 여자가 된다. 따라서 남의 부인을 높이는 것은 결국 그 여자의 남편을 높여주는 것과 같다. 어쨌든 남성의 관점에서 '부인'이 잠자리를 같이 하는 여자를 높여 부르는 것이라면, '마누라'는 좀더 다정스런 호칭이다.

이와는 달리 아내를 멸시하여 칭하는 단어로 '여편네'가 있다. 어떤 점에서 '여편네'와 가장 밀접한 관계에 있는 단어가 바로 '남편네'일 것이다. 과거엔 '남편네'란 단어가 쓰였던 흔적이 보이지만, 현재 전혀 쓰지 않는 것으로 미루어 좀처럼 일반 대중의 언어 생활에 스며들지 못했음을 알 수 있다. 이에 비해서 '여편네'는 우리의 일상생활에서 쉽게 들을 수 있는 단어다.

두 낱말에서 공통되게 사용되는 '편便'이 소변이나 대변 같은 생리 작용을 의미하는 단어의 일부분을 구성하듯이 이 단어들에 불편한 일을 편하게 고친다는 의미가 담겨 있다고 할 수 있다. 그런데 왜 '여편네'에는 경멸적인 의미가 느껴지고, 군집을 나타내는 접미어 '~네'가 덧붙여져 지금까지도 계속 사용되고 있는 것일까?

'~네'에는 경멸의 의미가 담겨 있다. 따라서 '여편네'는 말 그대로 아내를 비하한 호칭이며, 더군다나 '~네'가 군집적 성격을 띠고 있어 '내 아내도 여자의 근본적인 속성에서 벗어나지 못한 속물'임을 은연중에 나타내려는 남성의 의도가 담겨 있다. 이런 추측은 '남정네'에서 재확인된다. '남정네'는 '남편'과 달리 하류층 여인들이 남자를 원망하는 투로 사용하던 호칭이다. 왜 잘 먹고 잘 입고 편안하게 살게 해주지 못하는가 하고 원망하는 가난한 여인들의 절규가 바로 '남정네'란 호칭으로 대신 표현된 것이라 할 수 있겠다. 그러기에 남자가 아내를 칭하는 '여편네'에도 뭇 여인들과 다름없이 잔소리나 늘어놓고 바가지나 긁어대는 아내에 대한 원망이 서려 있다고 볼 수 있다.

결국 남자는 남편男便, 즉 남자에게 주어진 일을 하는 사람인 반면에, 여자는 그렇고 그런 아낙이란 의미의 '여편네'거나 집안의 노동을 떠맡은 '부인婦人', 기껏해야 지아비의 여자인 '부인夫人' 정도로 표현되는 것에서 여성 비하를 느낄 수 있다.

우리는 남편과 부인을 하나로 묶어 '부처夫妻'라고 한다. 뒤에서 한자어를 분석할 때 자세히 살펴보겠지만, 이때의 '처妻'

역시 '부婦' 와 마찬가지로 '빗자루를 든 여인' 이다. 또한 부부를 표현하는 순 우리말로 '가시버시' 란 낱말이 있다. 이때의 '가시' 는 계집애 혹은 아내를 의미하는 옛말이다. 한편 버시는 '벗(친구) + 이(주격 조사)' 로 분석할 수 있다.[18]

그렇게 되면 '가시버시' 는 아내와 그의 친구, 혹은 계집과 그의 친구 정도로 해석되어 여성이 주체적으로 부부라는 쌍을 이루는 단어가 된다. 그런데 불행하게도 이 아름다운 우리말이 국어사전에는 '부부의 낮춤말' 이라 정의되어 있다. 즉, 여자가 주체가 된 부부관계는 엄처시하에서 전전긍긍하는 남자와 그 남자를 좌지우지하는 여자의 관계, 결국 정상적인 부부의 길을 가지 못하는 예외적 관계로 인식되어 '가시버시' 란 단어를 속된 표현으로 취급했던 것이다.

언어적 차원의 여성 차별을 조금이라도 개선하기 위해선 어떤 일을 해야 할지 그 방향을 설정할 수 있는 약간의 실마리가 잡힌다. 사전을 몽땅 불태워버리거나, 어느 날 갑자기 여성에 대한 차별이 담긴 어휘를 쓰지 못하게 하는 법안을 국회에 상정하여 통과시킬 수 없다면—물론 이런 행위들은 환상에 불과하며 언어의 속성을 무시한 오만이다—바로 '가시버시' 와 같은 단어들을 하나씩 찾아내 우리 언어 생활 속에 정착시키는 일이 필요하다. 즉, 순 우리말에 대한 오래된 천시 풍조를 과감히 떨쳐버리고, '가시버시' 가 부부의 낮춤말이 아니라 부부를 칭하는 아름답고 순수한 우리말이라고 정의를 고쳐가는 것이다. 이렇게 될 때 새롭고 아름다운 순 우리말의 사용도 확대되고 그런

18) '버시' 는 '밧(外) + 이 (주격 조사)로 구분되어, 결국 '바깥사람' 이란 의미를 지닐 수도 있다.

과정에서 여성의 자부심은 더욱 커질 것이며, 남녀평등을 찾아 가는 또 다른 길이 될 것이다.

## (7) 언니와 아우

손위 형이나 누이를 칭하는 단어로 '언니'라고 하는 아름다운 낱말이 있다. 어떤 의미에서 '형兄'보다 훨씬 친근하고 다정스 런 느낌을 주는 단어이기도 하다. 과거 60년대만 하더라도 '언 니'란 낱말이 어린 남자 형제 사이에서 자연스럽게 불리는 것이 그리 낯선 일이 아니었다. 하지만 어떻게 된 일인지 남자가 남 자 형에게 그리고 여자 누이에게 칭하던 '언니'란 낱말은 이제 여자 형제 사이에서만 쓰인다. 따라서 전자의 경우는 '형兄'이 그 자리를 대신하고 있다.

이런 언어 사용의 분할은 어떤 측면에서 보면 남성 세계와 여 성 세계의 단절이 세월이 흐를수록 더욱 극단화되어가는 경향 을 보여주는 한 단면일 수 있다. 이제는 남자아이가 자신의 형 을 '언니'라 칭하면, 잘못된 표현이라고 놀림감이 된다. 이런 언 어 사용의 분할이 바람직한 것인가에 대해서는 논란의 여지가 많다.

'언니'란 단어가 어디서부터 출발한 것인가 살펴보자. 우선 '형兄'의 경우는 3장에서 다시 언급하겠지만, '口(입)＋人(사 람)'으로 집안을 대표해 모든 것을 대변하는 사람으로 풀이된 다. 그러나 '언니'에는 이처럼 권위적인 의미가 담겨 있지 않다.

우선 '언니'는 '안[內]＋이(접미사)로 분석된다는 설이 있다.

뒤에서 다시 언급하겠지만, '아내'의 어원과 동일하다. 이런 분석에 따르면, 시집가기 전까지 바깥 나들이도 삼가고 집안일을 도와야 하는 여성이 바로 '언니'다.[19] 이런 까닭에 '언니'에 여성적인 의미만 남아 남성의 언어 세계에선 배척된 것이라 여겨진다.

그러나 '언니'의 근원적 의미는 '형兄'으로부터 시작된다는 의견도 있다.

19) '언니'에 대한 또 다른 분석으로는 '엇〔親〕+이(주격 조사)'의 복합형으로 보는 설이 있다. 이런 분석에 따르면, '엇이>언이'로의 변화로 결국 '언니'는 가까운 사람, 피를 나눈 사람으로 과거에 남자 형제간의 호칭으로까지 사용되었던 이유도 설명 가능하다.

$$맏〔兄〕 > 맏 + 이(접미사) > 앋니 > 언니$$

위와 같은 변화 과정이 인정된다면, 언니는 곧 손위 형을 가리킨다. 또한 이런 분석에 따르면, '형'과 '언니'는 동등한 의미를 지닌다. 즉 남자 중에 맏이인 형이나 여자 중에 맏이인 언니가 동등한 지위를 누릴 수 있는 근거가 마련된다. 그러나 집안을 대표하는 형과 달리 집안에 틀어박혀 일만 하는 언니라면 그들에 대한 대우는 달라질 수밖에 없다. 이런 차이가 여성의 진정한 평등을 꿈꾸는 우리에게 주는 메시지는 '형'보다는 순 우리말인 '언니'의 우수성을 강조하여 '언니'란 호칭의 부활을 시도해보자는 것이다.

이제 '아우'의 뜻을 살펴보자. 손아래 동생을 의미하는 '아우'의 어원은 '아ᅀᅮ'라고 한다. 그런데 '아ᅀᅮ'는 혈연적인 교결, 결코 풀 수 없는 결연이란 뜻을 지니며, '맏'에 대응적인 개념으로 '나이가 아래인' 혹은 '어린'과 같은 뜻이기도 하다. 결국

'아우'란 장자 이외의 모든 형제를 가리키는 단어일 뿐이다. 한 배에서 나온 사람들을 의미하는 '동생同生'보다는 의미상 훨씬 안정돼 있다. 그리고 이 단어에선 어떤 여성 차별적 모습도 볼 수 없다. 따라서 '형'을 배척함으로써 '언니'란 단어의 우위가 획득되듯이 '동생' 대신에 '아우'를 사용한다면, 아름다운 우리말 사용 운동을 통한 여성의 정체성 회복을 기대할 수 있으리라 본다. 여성의 정체성 회복 운동이 투쟁이 요구되는 인권운동이나 독립운동과 그 성격을 같이 한다면, 관련자 모두가 동참할 수 있는 수단, 즉 기득권층의 방해를 불러일으키지 않을 방법을 모색할 수 있어야 한다. 그런 방법 중의 하나가 바로 언어에서의 여성 차별을 극복해가는 운동이라 생각한다.

## (8) 오빠와 누이

언니와 아우에 대응하는 개념으로 오빠와 누이라는 단어가 있다. 이 낱말들은 전자와는 달리 무척이나 빈번하게 사용된다. 결론부터 말하자면, 언니와 아우라는 단어는 그 사용을 권장함으로써 여성권의 회복을 추구하는 방편이 되는 반면에, 이번에 살펴볼 오빠와 누이는 그와 정반대의 경우가 될 것이다. 그러나 현재로서 오빠와 누이라는 단어를 대체할 어떤 낱말도 찾을 수 없기에 우린 그 언어에 구속당하지 않을 수 없다. 그럼 오빠와 누이의 의미가 무엇이었는지 추적해보기로 하자.

'오빠'는 '오라비'와 다른 말이 아니다. 우리말의 어원에 대한 지식이 조금이라도 있는 사람이라면 다음과 같은 어원 분석을 이해할 것이다.

$$올(뭐) + 압(父) + 이(주격 조사) \rightarrow 오라비$$
$$올(뭐) + 압(父) + 아(호격 조사) \rightarrow 오빠$$

즉 '오라비'란 아버지의 대를 이어 가문을 이끌어갈 사람이란 뜻이며, '오빠'는 호격 조사의 사용에서 볼 수 있듯이 '오라비'에 대한 애칭적 표현이다. 어떤 경우에서든지 오라비나 오빠는 아버지의 뒤를 잇는 사람이란 의미다. 결국 남자 형제는 장형長兄을 '형'이라 칭하면서 집안을 대표하는 대변인으로 그 권리를 인정하고, 여자 형제는 장형長兄을 오빠 혹은 오라비라 하여 가통을 계승할 중요한 사람으로 인정해주는 것이다.

반면에 '오빠'의 대응 개념인 '누이'에 대한 어원은 불분명하지만, 동생의 처를 의미하였던 '나매 嫌妹'에서 기원했다는 설이 있다.

$$나미 > 누미 > 누이$$

또 다른 측면으로 중국어에서는 여자를 '누'라고 발음한다는 사실 역시 간과할 수 없다. 만약 중국어와 어떤 관련이 있다면, 누이는 결국 '누(女) + 이(주격 조사)'가 되어, 그저 여자 그 자체다. 그러나 두 가지 가능성 중 어느 것을 택하더라도 '누이'는 현대적 시각으로 보자면 비참한 존재다. 앞에서 언급했듯이

‘婁’란 빗자루를 든 여인일 뿐이며 ‘女’는 다소곳한 여인을 나타내는 상형문자다.

이처럼 오빠와 누이의 어원은 천양지차다. 과연 이렇게 언어에서 극단적으로 나타나는 성 차별을 어떻게 받아들여야 할까. 단순히 ‘쓰지 않기’ 운동을 펼침으로써 모든 것을 해결할 수 있을까. 그리고 그런 운동이 가능할까? 이런 방법은 언어의 속성을 알지 못하는 이들의 몽상에 지나지 않는다. 그러므로 보다 합리적이고 이성적인 방법을 찾아야 하는데, 그 방법 중의 하나가 바로 이렇게 언어에 나타나는 성 차별적 흔적들을 있는 그대로 드러내는 것이다. 그렇게 할 때, 더이상 여성의 적敵으로 여성이 등장하는 불행한 상황을 만들지 않으리라.

## (9) 아내와 서방

이제 앞에서 다루었던 마누라와 영감, 남편과 부인 등과 같은 고답적인 호칭의 관계를 넘어, 우리에게 좀더 규범적으로 인식되고 있는 단어들에 접근해보자. 부부 관계에서 여자를 칭하는 가장 일반적인 단어는 ‘아내’다. 이런 호칭이 편안하게 사용될 수 있는 이유는 우리가 ‘아내’를 ‘안사람’ 혹은 ‘안식구’라고 부르기 때문이다.

‘아내’는 괴거에 ‘안해’로 기록되었으며, 심지어 1961년판 국어대사전(이희승 편)에서도 ‘안해’란 표현을 즐겨 사용하고 있다. 따라서 ‘아내’의 어원적 분석이 ‘안[內]’＋ㅎ＋이(처격 조사)’로 이루어져 있다는 주장에는 어떤 이견도 있을 수 없다. 이와 같은 분석에 의해 '아내'의 근원적인 뜻은 '집 안쪽에'라는 개념과 통한다는 것을 알 수 있다. 결국 앞에서 살펴본 '부婦'의 의미와 다를 바 없다.

반면에 아내의 상대어인 남편은 아직도 '서방'이라 칭해진다. 여자들끼리 만나서, '네 남편은 지금 어디 있니?'라고 묻기도 하지만 '네 서방은 지금 어디 있니?'라고 묻는 경우도 없지 않다. 또한 친정 식구들도 남자의 성姓 뒤에 붙여 '~ 서방' 하고 부르기 일쑤다.

원래 서방은 아직 벼슬을 하지 못한 성인 남성을 부르던 호칭이었다. 아직까지 이런 호칭이 사용되는 까닭은 '서방'이란 단어가 가지고 있는 미래에 대한 기대, 즉 장래성에 초점이 맞추어져 있기 때문인 듯하다. 혹은 앞서 살펴본 것처럼 새방〔新房〕에서 기원한 것일 수도 있다. 우선 전자의 가능성을 살펴보자. 이때 '서방'은 글방이란 의미의 '書房'을 연상시킨다. 따라서 결혼 전이나 결혼 후에도 입신양명을 위해 서재에서 글공부에 전념하는 남자의 모습을 상징적으로 묘사한 단어일 수 있다. 비록 어원적으로 문제가 있긴 하지만, 오늘날 사용하는 서방이란 개념이 글방과도 연결되어 있으므로 남편의 밝은 미래를 기대하는 여인의 마음이 담겨 있음을 추측해볼 수 있고, 아울러 남성을 여자 집안의 기대까지 한 몸에 받는 존재로 부각시키고 있음을 알 수 있다.

일반적인 어원론적 관점에서 인정하는 '서방'에 대한 분석은 다음과 같다.

女子

손(사내) + 방

시[新] + 방(房)

서방[20]



즉 '서방'의 근원적 의미는 '힘이 장정과 같이 센 사람'이었다. 그러던 것이 새 방(신방)을 차지한 사람으로 변화하여 결국 서방에 이른 것이다. 새 방을 차지한 남성과 짝을 이루는 단어에는 '새댁'이 있다. 이 단어를 '신방新房'과 같은 방법으로 해석해보면, '新宅'으로 새로 집을 차지한 여자가 된다. 더 쉽게 풀이하면 집의 새로운 주인이라는 뜻이다. 새로 들어온 집안의 안주인이자 안식구로 결국 집안의 대소사를 주관하는 '주부主婦'를 가리킨다. 즉 촛대(王)에 등불(·)을 밝히는 존재다. 그런데 서방은 항상 서방으로 쓰일 수 있는 데 반하여, 권위와 대우를 보장해주는 접미사 '댁宅'은 남편의 지위가 보장된 경우에만 사용할 수 있다. 예를 들어 '김 교수 댁' '이 사장 댁'에서처럼 남편의 지위와 더불어 여성의 지위도 '댁'의 개념으로 상승된다.

그러나 남편이 사회적으로 인정받지 못하는 위치에 있을 경우 남편의 상관은 그의 아내를 '댁내'라 칭한다. 앞에서도 보았듯이, '~네'란 접미어는 경멸의 의미를 담고 있다. 또한 '댁'이란 어휘는 여성의 실명實名을 상실하게도 한다. TV 드라마 '전원일기'에서 나오는 '쌍봉댁'의 '쌍봉'과 '댁'은 무엇을 의미하는가? '쌍봉댁'의 진짜 이름을 알고 있는 시청자는 몇이나 될까? 아니, '그 여인의 본명이 무엇일까' 하고 의문을 가져본 사람이 과연 있을까? 그리고 여성인 작가 역시 '쌍봉댁'에게 이름을 지어주고, 그 이름을 시청자에게 전해주려 노력한 적이 있었던가? '쌍봉댁'이라 불리는 여인은 전라도 여천에 자리잡은 쌍봉이란 마을에서 양지뜸으로 시집와 지금은 홀로된 사람이다. 즉, 우리가 그녀에 대해 알고 있는 것은 그녀가 '쌍봉' 출신이라는 것뿐이다. 그녀에겐 성도 없고 이름도 없다.

우리는 방금 여성운동 차원에서 언어 사용이 얼마나 중요하며, 공공매체인 언론에서 여성을 그저 '~댁'이라 칭함으로써 여성을 비하시키는 실례를 들었다. 비록 무의식적이긴 하지만 여성의 적敵이 여성일 수도 있음을 보여주는 경우다.[21] 1장에서도 이미 언급하였듯이, 여성에게 가장 시급한 문제이자 한편으로는 손쉽게 여성의 정체성을 찾는 방법의 하나가 성과 이름을 되찾는 일이다.[22] 이런 주장은 일반론적인 것이지만 이제 우리가 일상생활에서 사용하는 언어와 낱말 하나하나에 나타나는 여성의 차별상을 극복하기 위해서는 그런 의식적인 노력이 필요하다. '~엄마'가 아닌 자신의 이름을 되찾을 필요가 있다.

다시 본론으로 돌아가서, 언제나 집안에서 남편이 돌아오기를 기다려야 하는 '아내'와 미래를 기약하는 아내의 내조를 당연한 것으로 여기며 기득권을 누리는 남자를 가리키는 '서방'이란 말에서 우리는 무엇을 생각해야 할까? 서방이 '書房'이든 '新房'이든 간에 '아내'에 비해서 훨씬 자유롭고 존중의 뜻이 담긴 단어임에 틀림없다. 그런 것을 알면서도 다음 세대 여성에

21) 여성 작가가 아무 의식도 없이 여성에게서 성과 이름을 앗아간 채, 그저 '쌍봉댁'이라 칭하고 있는 부분을 말한다.

22) 대부분의 여성은 시집가서 아이를 낳으면 자신의 이름 대신 아이의 이름을 따서 '~엄마'로 불린다.

게까지 아내를 단지 '안식구' 의 의미로 가르쳐야 할까? 그렇게 된다면 사회에서 자신의 능력을 유감없이 발휘하며 활동하는 여성들은 이런 의미망에 걸려, 일반적인 여성상에서 벗어난 이단적 존재로 보는 사회 분위기가 유지될 수밖에 없다. 그런 여성들이 좀더 자유롭고 창의적으로 활동할 수 있는 근거를 언어적 차원에서 찾아보는 노력이 필요한 시점이다.

부부를 한자어로 '내외內外' 라 일컫는다. 즉 남자를 먼저 세워 '외내外內' 라 하지 않는다. 또한 우리말에서도 '안과 밖' 이지 '밖과 안' 이라 하지 않는다. 어순이 우리 의식에 얼마나 큰 작용을 하는지는 분명하지 않지만, 언제나 '안' 이 먼저 사용된다는 사실은 여성운동적 관점에서 결코 간과해서는 안 된다.[23] '안식구' 가 맡은 일, 즉 주부의 일 역시 사회적 활동과 비교해 결코 그 중요성이 떨어지지 않음을 잊지 말아야 한다. 배웠기 때문에 그 능력을 사회에 환원해야 한다는 것은 엄격히 말해서 정확한 논리가 아니다.[24] 가정은 사회의 기초가 되는 디딤돌이다. 가정을 꾸리는 일 역시 엔지니어링(engineering)이다. 보다 과학적인 살림을 꾸리기 위해 교육이 필요하다. 사회에서 받은 혜택을 환원하는 방법에 반드시 사회 활동만 있는 것이 아니다. '집안이 편해야 모든 것이 편할 수 있다' 는 평범한 진리에서 '집안' 을 꾸려가는 일 역시 소중한 일임을 깨닫고, 그런 일을 맡은 '주부' 란 개념에 얼마나 깊은 뜻이 담겨 있는가를 일깨워야 한다. 그래야만 전업주부로서 열심히 살아가는 여성에게 힘을 줄 수 있고, 그때야 비로소 그들은 여성해방의 주체가 될 수 있다. 따

23) 남녀평등이란 표현 대신 여남평등이란 표현을 사용하는 경우도 이런 맥락에서 이해할 수 있다. 그러나 그런 표현을 주장한 여권론자들이 언어적 차원에서의 여성문제는 너무 무심한 것 같다. 그런 까닭에 여남평등이란 표현마저도 공허하게 들린다.

24) 물론 이때의 사회는 그 기초가 되는 가정을 제외한 외부 활동만을 의미한다.

라서 우리에게 중요한 것은 대부분의 여성인 그런 평범한 여성들에게 위안을 주고 그들의 정체성을 찾아주는 일이다.

언어에서 '아내'는 집안에 있어야 하는 사람인데, 실제로는 바깥에 나가 자신의 능력을 사회에 환원해야 한다고 주장하는 것은 모순일 수밖에 없다. '아내'라는 의미 자체를 바꿀 수는 없다. '아내'란 단어를 더는 사용하지 않겠다고 독불장군처럼 주장해도 소용없는 일이다. 그 단어는 세대를 거듭해서 우리에게 교육되어온 것이기 때문이다. '아내'와 더불어 '주부' 역시 엄연한 직업임을 인정하는 일이 우선되어야 한다. 앞에서 말했듯이 '주부'는 촛대(王)에 등불(·)을 밝히는 존재다. 또한 주부의 본분인 '살림'은 '살리다'에서 유래된 명사이므로 주부의 역할도 죽은 것을 살려내는 엄청나게 중요한 일이다. 이제 이런 시각으로 언어 교육과 여성운동을 시작해야 할 시기다.

## (10) 아버지와 어머니

우리가 세상에 태어나서 가장 먼저 배우는 말이 바로 엄마와 아빠일 것이다. '엄마'와 '아빠'가 지닌 의미를 따져보기 전에 엄마, 아빠의 음성론적·음운론적 성격을 살펴보자.

엄마란 단어를 구성하는 주된 자음이 'ㅁ'이고 아빠는 'ㅂ'이다. 이 두 자음은 가장 발음하기에 편한 자음에 속하는 양순음(입술소리)이다. 하지만 'ㅁ'은 비강을 사용하는 콧소리인 반면에, 'ㅂ'은 구강만을 사용하는 구강음이다. 따라서 이 두 음은 유성음과 무성음이라는 차이가 있다. 일반적으로 유성음은 약하고 부드러운 소리이며, 무성음은 강하고 탁하다. 유성음으로 이루어진 '엄마'는 약하고 부드러운 존재이며, 무성음과 모음이 조화를 이룬 '아빠'는 강하고 엄한 존재라는 의미와도 통한다. 다시 말해서 여자는 약하고 남자는 강하다는 고정관념이 어린 아이가 제일 처음 배우는 단어에서부터 시작된다고도 할 수 있다. 이런 논리 전개가 비약이라고 생각할지 모르나, 왜 여성인 엄마는 부드러운 소리인 유성음으로 이루어져 있고 남성인 아빠는 강한 소리를 특징으로 하는 무성음으로 이루어져 있을까를 과학적으로 명확하게 대답해낼 수 있는 사람은 거의 없을 것이다.

이제 어머니와 아버지, 그리고 엄마와 아빠의 어원적 연구로 들어가보자. 아버지와 아빠에서 어근을 이루는 요소는 '압[父]'이다. 이 어근에 적절한 접미사가 붙어서 우리가 현재 사용하고 있는 아버님, 아버지, 아빠, 아비(애비) 등의 단어가 파생되었다.

압[父] + 이(주격 조사) → 아비 → 애비

압[父] + 아(호격 조사) → 아빠

압[父] + 엇[親] + 이(주격 조사) → 아버지

압[父] + 엇[親] + 님(존칭 접미사) → 아버님

우선 아비와 애비의 관계는 'ㅣ' 모음 역행동화에 의한 자연스런 음성학적 변화다. 반면에 호격 조사 '아'는 존대를 아직 익

히지 못한 어린아이들이 아버지를 부르는 애칭으로 굳어진 '아빠'를 가져온다. 그런데 요즘에는 장성한 아들이나 시집간 딸이 '아버지'를 '아빠'로 호칭하는 것을 종종 볼 수 있는데, 단순히 친근함을 넘어 잘못된 표현이라 우리말의 정확한 사용이 아쉬울 때가 많다. 성인이 되어서 어머니를 엄마로 칭하는 것보다 아버지를 아빠로 칭하는 데 더욱 거부감이 느껴지는 까닭은 '압'이 뜻하는 의미와 '아빠'란 호칭이 어울리지 않는다는 집단 무의식이 우리 머릿속에 자리잡고 있기 때문이다. '압'은 '앞'을 연상시키는데 이때 '앞'은 가장 앞에 선 사람, 즉 많은 사람들의 운명을 이끌어가는 우두머리를 연상시킨다. 따라서 가정에서 제일가는 사람, 혹은 가장 큰 어른을 높여 부르는 것이 당연하게 여겨진다.

한편 어머니와 엄마의 경우는 어떠한가. 이 단어들의 공통된 어근은 '엄[母]'이다. 이런 어근을 바탕으로 해서 우리가 주변에서 들을 수 있는 어머니, 어머님, 엄마, 어미(에미)등의 단어가 파생된다.

엄[母] + 이(주격 조사) → 어미 → 에미

엄[母] + 아(호격 조사) → 엄마

엄[母] + 엇[親] + 이(주격 조사) → 어머니

엄[母] + 엇[親] + 님(존칭 접미사) → 어머님

'어미 / 에미'의 관계는 '아비 / 애비'의 관계와 마찬가지로

'ㅣ' 모음 역행동화의 결과다. 또한 엄마는 애칭적 표현인 반면에 어머님은 존칭적 표현이다. 그런데 '압'과는 달리 '엄'은 암컷을 가리키는 '암'을 연상시키고, 실제로는 '암>엄'으로의 변화도 검토중이다. 이처럼 동물의 경우에나 사용될 '암/수'의 표현이 '엄'의 어원으로 여겨지고 있다는 사실에서 우리는 어머니에게 주어진 숙명을 상상해볼 수 있다.

암컷으로서 어머니는 자식을 낳는 역할을 하는 존재다. 동물의 경우에 새끼를 낳은 암컷을 '어미'라고 칭한다는 것에서, 그리고 어머니를 칭하는 방언의 하나로 '에미'가 있다는 사실에서 여성을 비하하려는 사회적인 의도를 감지해낼 수 있다. 또한 아이들에게 주는 먹을 것을 '맘마'라고 말하고, 그 단어가 '엄마'와 발음이 유사한 것에서 어머니의 숙명적 역할이 느껴진다. 게다가 다섯 손가락 중 첫째 손가락이 '엄지'이고, 욕구불만에 빠진 아이들이 다섯 개의 손가락 중 유독 엄지만 빠는 것에서 어머니의 가슴에 달린 젖꼭지의 역할이 무엇인지를 추측할 수 있다. 이처럼 어머니는 어원적인 차원에서부터 아버지와 그 역할이 다르다. 여성의 역할을 성스럽고 고귀한 것과 비교하면 좋으련만 불행히도 그 비교의 대상이 동물이라는 점은 언어를 통한 여성 비하가 우리가 사용하는 호칭 속에도 스며 있음을 깨닫게 해준다.

한편 우리는 아버지와 어머니를 하나로 합하여 '어버이'라 칭한다. 일반적인 분석에 따르면, '어버이'는 '업+엇[親]+이(주격 조사)'로 분석된다. 이때 '업'이란 '압'과 '엄'의 혼합형이며, '엇'은 존칭적 의미를 지니는 낱말로 여겨진다. 이런 분석에서는 남녀의 차별상이 전혀 느껴지지 않고 아버지와 어머니는 동등한 존재가 된다. 그러나 '암<엄'으로의 변화처럼 '압>업'으로의 변화를 가정해본다면 '어버이'에는 결국 아버지의 모습만이 들어 있다. 어머니는 아버지에게 종속된 존재이기 때문에 그 자취를 남길 필요가 없었던 것으로 이해된다. 이러한 분석이 가능하다면, 어머니로 대표되는 여성의 존재는 아버지의 그림자 속에 파묻혀 무시할 수 있는 존재로 전락하고 만다. 그러나 다른 측면에서는 '아이를 업다'라는 표현에서처럼, '엄>업'으로의 변화가 불가능한 것만은 아니다. 이런 해석이 가능하다면 거꾸로 '어버이'에는 어머니의 모습만이 남게 된다. 그렇다면 아버지의 존재는 어디에 있는 것일까? '압>업'의 해석과는 전혀 반대되는 방향의 해석도 가능할 수 있다. 그러나 이런 주장은 유감스럽게도 우리 선조들의 의식과 결부해볼 때, 가능성이 거의 없다. 하지만 여성학자 입장에서는 '업'이 '압'과 '엄'의 합성어가 아니라는 주장과 더불어, '압>업'으로의 변화보다는 '엄>업'으로의 변화가 더 현실적인 것임을 강조할 필요가 있다. 이렇게 될 때, 언어에 담긴 여성의 모습이 제자리를 찾아갈 수 있을 것이다.

그러나 항상 그렇듯이 언어의 모습은 여성에게 불리하도록 검증되게 마련이다. 예를 들어 할아버지와 할머니란 단어의 형성 과정을 살펴보면, 과거에 할아버지는 '한아비'였고, 할머니는 '한어미'였다.

$$\text{한}(大) + \text{압}(父) + \text{이}(주격 조사) \rightarrow \text{한아비}$$
$$\text{한}(大) + \text{엄}(母) + \text{이}(주격 조사) \rightarrow \text{한어미}$$

그런데 '한아비'가 변하여 '할아버지'가 되었고, '한어미'는 '한어미 > 할어미 > 할미'의 변화를 겪어 오늘에 이르렀다. 최종적인 귀착점인 할아버지와 할머니 사이에는 커다란 차이가 있다. 즉 할아버지란 낱말 속에는 '한(大) + 압(父) + 엇(親) + 이(주격 조사)'에서처럼 존칭의 의미가 담긴 '엇(親)'이라는 표지가 있지만, 할머니란 낱말 속에는 그런 표지가 없다. 따라서 할아버지와 할머니는 존경의 정도에서 차이를 보인다고 할 수 있다. 심지어 앞에서 언급한 '어버이'가 한자어 '親'으로 표기된 점에서, '압 > 업'으로의 변화는 좀더 설득력을 가질 수 있다. 만약 이런 분석이 옳다면, 우리는 아버지와 어머니라는 가장 친근한 단어에서조차도 여성에 대한 차별상을 확인하게 된다.

이상에서 우리는 우리말에서 가족관계, 주로 호칭에서 여성의 차별적 대우에 대한 실례를 찾아보았다. 동시에 그런 차별상에 대해 여권론자는 어떤 입장을 취해야 할지에 대해서도 언급하였다. 한순간도 떼어놓을 수 없고, 언제나 내 몸의 일부처럼 사용하는 '언어'에 은연중에 여성에 대한 경멸이 조금씩 쌓여가고 있음을 생각한다면 여권론자들은 언어에 대한 연구가 여성학의 한 분야로 자리잡게 하기 위한 노력을 게을리해선 안 된다. 물론 경제적인 독립과 정치적인 해방도 중요하지만, 무엇보

다 중요한 것은 여성도 남성과 동등하며 무한한 능력을 지니고
있다는 의식의 전환을 통한 정신적 평등의 추구다. 그리고 그런
의식은 철저히 언어에 반영된다는 사실에서 언어를 통한 여성
문제의 연구도 결코 등한시할 수 없는 분야인 것이다.

## 2. 사회관계

이제는 우리말의 호칭어에서 친족의 관계를 넘어서 사회적 관계를 의미할 수 있는 단어들을 분석해보자. 사회적 관계란 혈연적으로 아무 관계는 없지만 지연이나 학연 등으로 맺어지는 관계로, 그런 관계를 표현해주는 단어들의 어원을 분석해보고 이 단어들에 담긴 여성에 대한 차별상을 살펴보고자 하는 것이 이 글의 목적이다.

우리말에서 남성에 의해 이루어진 여성에 대한 정의는 결국 하나의 의미로 집중된다. 그런 낱말들을 분석해보면 과거 우리 조상들의 여성관을 알 수 있다. 그러므로 이런 분석을 통해 확인되는 여성에 대한 차별상을 여성론자들이 진솔하게 받아들여 언어에서의 여성문제를 언어학적 연구의 차원을 넘어 사회문제의 하나로, 즉 여성문제를 다루는 여성학의 한 분야로서 자리매김되기를 기대한다.

예부터 사용해오던 낱말들 속에 여성에 대한 철저한 차별이 들어 있고 앞으로도 그런 언어 사용이 아무 의식 없이 남녀 관계에서 계속 사용된다면, 여성이 사회적 평등을 쟁취할지라도 여전히 일상적으로 여성을 칭하는 데 사용되는 낱말들은 여성이란 존재는 하찮은 동물의 후손에 불과할 뿐이라고 속삭이고, 그렇기에 깨달음의 기회가 주어져 그런 낱말들이 담고 있는 의미를 알게 될지라도 여성은 그들의 운명을 서글퍼할 수밖에 없을 것이다.[25] 따라서 언어에 나타나는 여성의 차별적 모습을 공개적으로 드러내 그것을 극복할 수 있는 방법을 찾기 위한 중지 衆智를 모아야지, 여성학에서만 고민을 끌어안고 있을 이유는 없다.

이런 관점에서 우리는 사회적 측면에서 남자와 여자를 칭하는 대표적인 단어들에 담겨 있는 의미를 새겨보고, 그 안에 나타나는 여성에 대한 차별상을 알아보도록 하자.

## (1) 아들과 딸

오래전에 TV 연속극으로 방영되어 놀라운 시청률을 보이며 국민의 공감을 얻은 '아들과 딸'이라는 드라마가 있었다. 아들에겐 맹목적인 사랑과 지나칠 만큼 큰 기대를 보이지만, 딸은 교육받는 것조차 못마땅해하는 편향적인 부모와 그 속에서 아들과 딸이 겪는 갈등을 그린 드라마였다. 그런데 우리에게 충격

25) 일례로 프랑스어에서 남녀를 호칭할 때 습관처럼 이름 앞에 붙이는 '마담' '마드모아젤' '무슈'라는 단어들에서도 그런 의미 차이를 발견할 수 있다. 결국 우리말로 해석해보면 '마담'이란 내 아주머니이고, '마드모아젤'은 내 아가씨다. 다시 말해서 '나에게 소속된' 나이 먹은 아주머니이고, 처녀인 아가씨라는 두 가지 의미가 여성을 칭하는 낱말 속에 들어 있는 것이다. 반면 '무슈'에는 나의 영주님이란 뜻이 들어 있다. 이런 의미를 담고 있으니 상관인 여성에게 부하직원인 남성이 '마담 ○'라고 부르는 것은 '넌 내 거야'라고 말하는 것과 다름없으며, 상관인 여성이 부하직원을 '무슈 ○'라 칭하는 것은 결국 '내 영주님 ○ 씨'라 말하는 것이 된다.

女子

적이었던 것은 남성인 아버지보다 같은 여성인 어머니가 딸을 대하는 태도였다. 여기에서 우리는 여성에 의한 여성 차별을 다시 한번 확인해볼 수 있다. 이것은 시어머니와 며느리의 관계뿐만 아니라 어머니와 딸 사이에서도 여성이 여성의 억압자가 될 수 있음을 보여주는 실례이기도 하다.

여성의 이런 속성에 대한 이야기는 예부터 내려오는 민요나 속담이 허다하다.[26]

하지만 여기에서는 여성의 속성이라는 문제보다는 우리가 일상생활에서 사용하는 언어에서 나타나는 남녀의 차별상을 적나라하게 그려 보이는 데 그 목적이 있으므로 어휘 분석에 충실하고자 한다.

우선 '아들'에 대해 생각해보자. '아들'과 비슷하게 발음되는 말을 찾아보면 '아이'가 가장 먼저 떠오른다. 또한 실제로 '아이'의 근원을 거슬러 올라가보면, 시작과 출발을 의미하는 '앗'에 근거함을 알 수 있다. 결국 '앗>아사>아이'로의 변화가 확인된다. 그런데 '앗'이 '앋'으로 표기되었던 단계가 있었고, 그 시기에 발견할 수 있는 낱말이 바로 '아들'을 의미하는 '아돌'이다. 이렇게 되면 '아들'의 근원적인 의미는 '시작이며 출발'이 된다. 좀더 확대 해석해보면 아들은 가계家系의 시작을 전승해줄 존재로 집안에서 존중받는 위치에 있다. 앞에서도 언급했듯이, 세계 어느 민족보다도 인연을 중시하는 우리 민족이 인연 중에서도 가장 우선하는 혈연으로 맺어진 아들을 어찌 소홀히 취급할 수 있었겠는가. 즉, 아들은 가계가 끊어지지 않도록 면

26) 우리는 4장에서 여성의 속성을 그린 민요와 속담을 살펴볼 것이다.

면히 계승해줄 소중한 존재다. 또한 '앗'에서 '아이'로 변천하였다는 사실은 여성론적 입장에서는 충격이 아닐 수 없다. '딸은 두 번 서운하다'는 속담도 있듯이, 태어나는 순간부터 부모를 섭섭하게 만드는 딸은 유아 시절마저도 '아이'로 취급받지 못했던 서러운 운명을 '앗>아이'로의 변화에서 찾을 수 있다.[27]

그럼 '딸'에는 어떤 의미가 담겨 있을까? 현대적인 의미로는 그저 여자로 태어난 자식일 뿐이다. 그러나 그 어원적인 의미는 단순히 여자만을 뜻하는 것이 아니다. 원초적 의미를 살펴보면 왜 여자로 태어난 자식에게 '딸'이라는 명칭을 부여했는지 알 수 있다. '딸'에 대한 어원 분석 중에 이 단어가 '따르다'에서 유래한 것이라는 의견이 있다. '따르다'는 결국 '복종하다, 순종하다'는 의미로 귀결된다. 여자는 시집가기 전까지는 친정 부모의 말씀에 따르고, 시집가서는 시부모와 남편의 말에 따라야 한다는 순종에 대한 일방적인 강요가 바로 여성을 지칭하는 보통명사 안에 숨어 있는 것이다.

이처럼 '아들'과 '딸'은 그 근원적 의미에서 하늘과 땅만큼이나 커다란 차이를 보인다. 우리가 TV 드라마 '아들과 딸'의 여러 장면들에 분노하면서도 열성적으로 볼 수밖에 없었던 이유가 바로 이런 근원적 의미를 담고 있는 단어에 내재된 우리 민족의 집단무의식 때문이었을 수도 있다.

좀더 이야기를 발전시켜 아들과 딸이 성장하여 어른이 되었다고 할 때, '어른'이란 단어가 갖는 어원적 의미 역시 여성들에

27) '아이'를 의미하는 한자어 '아兒'에서도 '人'이 남자만을 의미하고 있음을 우리는 3장에서 다시 보게 될 것이다.

女子

게는 썩 유쾌한 것이 아니다. 일반적인 이론에서 '어른'의 근원은 '얼'에서 찾을 수 있다. '얼'에서 파생되었다고 여겨지는 '얼다'는 '교합하다', 즉 남녀가 성적인 결합을 하는 행위를 의미한다. 여기에서 파생된 새로운 명사가 바로 '어른', 다시 말해서 혼인하여 성적 교합이 가능한 사람을 일컫는 것이다. 그러므로 '어른'은 남녀를 불문하고 결혼한 성인 남녀 모두를 칭할 수 있는 낱말이다. 그러나 문제는 '얼'의 근원 역시 '앗'에서 찾아지는 데 있다. '앗'이 시작을 뜻하므로 '앗>얼'로의 변화에서 '앗'이란 어른의 시작으로 해석될 가능성이 없지 않다. 그렇게 되면 '앗>아이'로의 변화에서 '아이'가 반드시 남자아이만을 의미하는 것은 아니라는 반론도 제기할 수 있다. 물론 이런 해석이 불가능한 것만은 아니다. 그러나 이런 해석의 가능성을 인정하더라도, 여성들을 불쾌하게 만드는 또 다른 단어가 등장한다. 바로 '어르신'이란 단어다. '어르신'은 누구나 알고 있듯이, 남의 아버지와 연장자를 높여 부르는 경칭어다. 즉 남자만을 호칭하는 단어다. '어르신'의 파생 과정을 거슬러 올라가보면, '얼다>어르다'에서 존칭을 의미하는 접미사인 '시'가 덧붙여진 '어르시다'에서 파생된 명사다. 결국 '앗'의 의미를 어떻게 해석하든 남성만이 존칭과 경칭의 대상인 '어르신'이 될 수 있다.

우리는 '아들'과 '딸'에서 '어른'에 이르기까지 그 원초적 의미를 살펴보았다. 아들은 모든 것의 시작이고, 딸은 순종의 미덕이 온몸에 배도록 늘 조심해야 할 존재라고 가르친다. 태어나는 순간부터 부모에게 섭섭함과 실망을 안겨주는 존재인 '딸'과 화투놀이에서 한 끗을 의미하는 '따라지'가 같은 어원에서 출발한다는 사실은 새삼 놀라울 게 없다. 게다가 '어른'이 되어서도 여자는 단순히 '어른'일 뿐이지만 남자는 '어르신'으로 대접받는다.

지금과 같이 남녀평등이 요구되는 시대에도 우리는 여성이 어떤 위치에 있든 '어르신'이라 칭하지 않는다. 반면에 조금이라도 경칭법을 아는 사람이라면, 어느 정도 나이가 지긋한 남성에게는 깍듯하게 '어르신'이라 부른다. 이제는 여성에게도 '어르신'이라 칭할 수 있는 사회, 즉 여성에게도 남성과 다름없는 경칭과 대우를 해줄 수 있는 사회가 만들어져야 한다.[28] 그런 사회는 여성이 경제적으로 자립하고, 남편과 독립된 재산권을 행사하며, 국민을 대표하는 국회의원이 되고 대통령이 된다고 해서 만들어지는 것은 아니다. 진정한 여성해방을 위해서는 선택된 몇몇 여성들만을 위한 해방이 아니라 가난하고 배우지 못한 여성들에게도 정신적 해방감을 줄 수 있는 운동이 필요하다. 우리가 일상생활에서 무의식적으로 사용하는 단어 하나하나에 여성의 진실된 모습을 다시 부여하고 여성을 왜곡시켜 묘사한 단어를 하나씩 지우는 작업을 할 때에야 비로소 좀더 완전한 여성해방을 논할 수 있을 것이다.[29]

## (2) 계집과 사내

딸은 계집아이고, 아들은 사내아이다. 우리가 즐겨 쓰고 자주

28) 나이가 지긋한 여성을 '어르신'이라 칭하자는 얘기는 아니다. 여성에게도 존칭적 의미가 담긴 단어를 찾아 사용하자는 것이다.

29) 여성을 왜곡되게 그린 단어들을 지워가는 작업이 그런 단어의 사용을 금지하는 것을 의미하진 않는다. 그렇기 때문에 언어에 나타나는 여성 차별을 다루는 것이 어려울 수밖에 없다. 그러나 그런 이유로 언어에서의 여성문제를 해결하기 위한 남성과 여성 모두의 자각이 필요하다. 그 성과를 거두려면 많은 시간이 필요하지만, 그런 성과는 선택받은 소수의 여성만이 아닌 여성 모두의 평등을 가능하게 해줄 것이다.

女子

듣는 '계집아이가 똑똑하군요' '사내아이가 튼튼하군요' 라는 말에서처럼, 계집은 여자를 사내는 남자를 좀더 편안하게 우리말로 표현하는 단어들이다. 그 아이들이 나이를 먹어 성인이 되어도 여전히 여자는 계집이고 남자는 사내다. 따라서 계집과 사내는 남녀를 구분하는 가장 기본적인 순 우리말이라고 할 수 있다.

먼저 '사내'란 낱말의 원초적인 뜻을 추적해보자. 2장의 첫부분에서 보았듯이 '사내'에 대한 가장 일반적인 분석은 '건장한 사람'을 뜻하는 '순'에서부터 시작한다. '사나이'가 줄어 파생된 단어가 바로 '사내'라고 여기는 것이 일반적인 견해다.[30]

30) 우리는 '사나이'의 어원 분석을 p. 84에서 다시 살펴볼 것이다.

순(장정) + 나히(태어남)

이렇게 되면 '사내'란 힘이 있어 농사나 사냥을 잘 해낼 수 있는 남자를 의미하며, 적극적이고 강한 남성의 기질을 묘사한 단어라 할 수 있다. 그러나 앞에서 살펴본 '아들'과 비교하면 '사내'는 사실적이고 외형적인 묘사에 근거하고 있음을 알 수 있다. 따라서 우리는 다른 방향의 해석을 생각해볼 수 있다. 하나는 '살다生'가 관형사화한 '산'에 '아이'가 덧붙여진 '산+아이'로의 분석 가능성이다.

옛날엔 백일잔치를 왜 그토록 요란스럽게 준비했던가? 그리고 첫돌을 그토록 중시하고 잔치를 크게 벌인 이유는 무엇인가? 바로 죽음에 대한 불안 때문이었을 것이다. 지금과 같이 예방의

학이 발달되지 않았던 시절에 가계家系를 이어줄 아들이 예기치 않은 복병인 죽음의 순간을 넘어 건강하게 자라야 했기에 우리에겐 자기 최면이 필요했는지도 모른다. 이런 관점에서 볼 때, 태어나는 순간부터 남자아이가 '사내' 였다는 사실에 초점을 맞추어, 죽음의 가능성을 극복하고 '살아남을 아이' 로 생각하고 싶은 마음이 언어에 담겨진 것이라 추측된다. 만약 이런 가능성이 인정된다면, 앞절에서 '앗>아이' 로의 변화에서 아이는 오직 남자만을 칭했다는 의견이 설득력 있게 받아들여진다. 그렇다면 '사내' 란 '살아남을 아이' 라는 의미를 얻게 된다.

또 다른 해석은 '살다(生)' 와 음성학적 성질을 같이 하는 '살(피부)' 의 관련성을 생각해보는 것이다. 살갗이란 살의 갈래다. 살의 갈래는 그 모습의 유사성으로 밭고랑을 연상시킨다. 우리가 생활하고 생명을 이어가는 땅은 지구의 살이라고도 할 수 있다. 즉 '살' 은 곧 '땅' 인 것이다.[31] 이런 분석에 의해서 '사내' 가 '살 +아이' 라면, 그 의미는 결국 '흙의 아이' 다.

'사내' 의 의미 해석에 대한 세 가지 가능성 중 어느 하나가 가장 설득력 있다고 확실하게 말할 수는 없다. 그러나 남성의 적극성과 강인함을 상징하는 '손+나희' , 죽음을 건너뛰어 살아남기를 소망하는 마음이 담긴 '산(生) +아이' , 그리고 인간이 살아가는 토대이며 모든 생명의 뿌리인 흙의 자손임을 말해주는 '살(皮) +아이' 로의 분석들은 모두 남성에게 거는 기대를 담고 있다. 따라서 '사내' 는 모든 가능성을 지닌 존재이자 주변 사람들에게 희망을 불어넣는 무한한 잠재력을 지닌 인간으로 인식

31) 정호완, 『우리말의 상상력』, 1991, 정신세계사.

된다.

이런 멋진 정의가 가능한 '사내'에 대해 '계집'은 어떤 해석이 가능할까. 가장 보편적이고 일반적인 분석을 살펴보면, '계집'은 옛말인 '겨집'에서 출발한다. '겨집'은 '겨다(있다)+집[宅]'의 결합어로 여겨진다. 즉 '겨다'라는 동사의 어근인 '겨'와 '집'이 합해져서 '겨집'이 되었으므로, '계집'은 '집안에 있는 사람'이 된다. 좀더 자세히 설명해보자. '집'은 곧 '宅'이다. 앞에서 보았듯이, '댁'이란 낱말은 남편의 성이나 직책 뒤에 붙어 '그의 아내'라는 뜻으로 사용된다. 결국 '계집'은 '집안에 있는 아내'라는 의미로 귀착된다. 하지만 이때 '댁'이란 호칭이 손윗사람이나 신분이 높은 사람에게는 쓰이지 않는다는 점에서 경칭이나 존칭의 의미가 담겨 있지 않음을 분명히 알 수 있다. 이런 관점에서 볼 때, '계집'이란 단어는 자신의 아내를 칭하거나 남의 아내를 칭함에 있어 일말의 경의敬意도 담지 않는다. 또한 '계집'에는 장래에 대한 어떤 기대도 들어 있지 않고, 그저 여성이면 반드시 그래야 한다는 의무만이 담겨 있다.

'계집'과 짝을 이룰 만한 단어엔 '가시내'가 있다. 그러나 일반적인 분석에 따르면, '가시내'는 '사내'와 대립되는 단어로서 '한 남자의 아내가 되려고 태어난 사람'이란 뜻으로 분석된다.

갓〔妻〕+ 나히(태어남) → 가시내

이때 '갓>가시>각시'로 변화되므로, '가시내'란 '각시가 될 사람으로 태어났음'을 의미하는 단어가 된다. 그렇다면 '갓'이란 낱말이 지닌 근원적인 의미가 궁금하지 않을 수 없다. '갓 스물' '갓 나다' '갓 사오다' 등의 표현에서처럼 '갓'은 이제, 겨우, 막, 방금 등의 뜻을 지니고 있다. 따라서 국어학자들은 '갓'이 '가장자리[邊]', 혹은 둘 이상의 사물이 가장 가까이 맞닿은 부분이므로 '처음, 시작'이라는 의미로 유추하는 경향이 있다. 그렇게 되면 '가시내'는 처음·시작임을 외치며 태어난 아이로, 지금까지 우리가 살펴보았던 여성상과는 매우 다른 모습을 지니게 된다.[32]

지금까지 살펴본 언어 속의 여성은 그렇게 바람직한 모습이 아니었으므로 '가장자리'라는 뜻의 '갓'을 처음이나 시작이 아니라, 중심이 되지 않는 주변적인 것 또는 어떤 경계선을 그어 볼 때 가장 바깥쪽에 자리하는 것 정도의 해석 역시 배제할 수 없다. 게다가 '가시내'가 존칭적인 낱말이 아니라 여성을 비하하는 표현임을 감안할 때, '갓'에 대한 해석은 전자보다는 후자로 하는 것이 더욱 타당하다. 결국 여자는 '계집'이 되었든 '가시내'가 되었든 간에 집안에 다소곳이 들어앉아 있어야 하고 그 누구에게도 존중받지 못하는 존재인 것이다. 앞에서 살펴보았던 '사내'에 대한 세 가지 해석과 비교할 때, 여성을 칭하는 단어에 들어 있는 차별상을 다시 한번 확인시켜주는 것이 바로 '계집'이라 하겠다.

32) 이런 해석은 '아들'의 분석에서 이미 살펴보았다.

### (3) 아가씨와 사나이

용감하고 호탕한 기풍을 느끼게 하면서 남자 중의 남자를 나타내는 '사나이'에 대한 어원은 앞절에서 살펴보았던 '사내'와 다르지 않다.

> 순(힘센 장정)＋나히(태어남) ＞ 사나이 ＞ 사내
> 산〔生〕＋아이 ＞ 산아이 ＞ 사나이 ＞ 사내
> 살〔皮〕＋아이 ＞ 살아이 ＞ 사나이 ＞ 사내

위의 변화 과정에서 볼 수 있듯이, '사내'보다 먼저 생긴 말이 '사나이'일 수도 있다. 여기에서 'ㅣ' 모음 역행동화의 영향으로 '나이＞내'로 변화한 것이라 생각된다. 어쨌든 위의 세 가지 가능성이 모두 '사나이'에서 느껴지는 어감과 일치된다.

'사나이'에 대응하는 여성을 표현하는 낱말로는 '아가씨'가 있다. '아가씨'란 단어에서는 젊음과 발랄함, 그리고 아름다움이 연상된다. 공격적, 능동적, 지성적, 지배적으로 상징되는 남성의 기질에 대비되는 방어적, 수동적, 감성적, 유약함이라는 여성의 기질을 연상시키는 단어가 바로 '사나이'와 '아가씨'이기도 하다. '사나이'의 어원 설명은 이미 앞절에서 했으므로 여기에서는 '아가씨'의 어원을 분석해보면서 이 두 단어가 지닌 원초적 의미를 비교해보자.

일반적인 분석에 따르면, 여성의 아름다움을 어린아이의 귀엽고 앙증맞은 모습에 견주어 '아기'라는 단어에 존칭 접미사

'씨'를 덧붙여 '아가씨'가 되었다고 한다.

> 아기＋아(호격 조사) → 아가
>
> 아가＋씨(존칭 접미사) → 아가씨

　이처럼 '아기'에 애칭적 의미가 담긴 호격 조사가 덧붙여져 '아가'가 만들어지고, 여기에 다시 존칭 접미사 '씨'가 결합되어 '아가씨'가 되었다는 것이다. 여성은 아름다움, 귀여움과 함께 어린아이와 같은 유치함이 배어 있는 낱말로 표현되고 있는 예다. 씩씩하고 당당한 기상을 떠올리게 하는 '사나이'와 비교할 때, 유약하고 소극적인 의미가 담긴 단어가 아닐 수 없다. 이런 까닭에 여성은 남성의 보호를 받을 수밖에 없는 존재, 바깥 출입보다는 집에 가만히 들어앉아 있어야 할 존재로 여겨지는 것이다.

　'아가씨'를 다른 관점에서 분석해보자. 옛말에 '악'은 시어머니가 며느리를 다정하게 칭하던 단어였다. '악'에 주격 조사 '이'가 덧붙여지면 '악이'가 되고, 호격 조사 '아'가 덧붙여지면 '악아'가 된다.

> 악(며느리)＋이(주격 조사) → 악이 → 아기
>
> 악(며느리)＋아(호격 조사) → 악아 → 아가

　그런데 이 두 단어를 소리나는 대로 읽어 내려가면 차례로

'아기'와 '아가'가 된다. '압+아 → 아빠'에서 보았듯이, 호격 조사에 다정한 감정이 스며 있다면 '아기'보다는 '아가'가 훨씬 따뜻한 정을 담은 낱말이 된다.

이렇게 보면, '아가씨'는 젖비린내나는 어린아이가 아니라 시어머니 입장에서는 언제나 젊고 발랄하고 생기에 찬 며느리인 셈이다. 그러나 '악'이 지닌 근원적 의미를 따져 올라가면 이처럼 밝은 의미는 사라지고, 여성의 의무와 그런 의무를 실행에 옮겨야 하는 여성의 운명이 무엇인지가 드러난다.

악<앗<알

이처럼 '악'의 출발점은 '알'이다. 다시 말해서 '씨앗'이다. 가문의 계통을 이어갈 자식이다. 따라서 '아가씨'란 단어 속에는 가문을 이어갈 자식을 낳아야 할 의무를 지닌 사람이란 뜻이 담겨 있다. 이렇게 되면 '아가씨'의 '씨'도 존칭의 의미를 담은 접미사로 보기는 어려워진다. 따라서 '아가씨'는 아내와 동일한 분석이 가능하다.

알(씨)＋씨(아버지의 혈통)

위와 같은 해석이라면 '아가씨'는 알을 낳아야 하는, 그것도 아버지의 혈통을 이어줄 남자아이를 낳아야 할 막중한 임무를 짊어진 존재다. 그런 이유에서였는지 자식을 낳지 못하는 며느리는 칠거지악七去之惡이란 미명하에 내쫓김을 당할 수밖에 없었다.

'알＋씨'의 순서가 뒤바뀐 '씨알'은 번식을 위해서 종자로 준비하는 낱알이나 알을 의미하는 단어다. 그와 같은 계통의 단어로 사람에게도 적용되는 단어가 바로 남편의 첩을 의미하는 '씨앗/시앗'이다. 앞서 말했듯이 '앗'의 어원이 '알'이라면, '앗'은 '씨알'과 다를 바 없다. 과거에 '시앗'을 얻은 목적이 무엇이었나? 단순히 남자의 성욕을 해소하기 위함이었나? 그럴 목적이 없었던 것은 아니겠지만 과거엔 아내가 아들을 낳지 못할 경우 집안의 대代를 이을 아들을 얻기 위해서 첩妾을 들이는 것이 보편적인 상황이었음을 감안할 때, 우리는 '아가씨'에 더이상 현대적 의미를 부여할 수 없다.

시집가기 전의 젊은 여성을 대접하여 이르는 말이라고 국어사전에 명기되어 있는 '아가씨'의 어원적 의미 속에 여성을 옭아맨 족쇄가 숨겨져 있음을 깨닫는 순간, 젊은 여성을 '아가씨'라 부르는 것이 섬뜩하다 못해 소름 돋는다. 언어는 과거의 의미보다는 '현재 어떻게 사용되고 있는가'가 더욱 중요하다 할지라도, '사나이'와 비교되는 '아가씨'에 담긴 의미가 비극적이기에 우리는 언어가 담고 있는 여성관을 재고해보지 않을 수 없다.


## (4) 아주머니와 아저씨

일반적으로 손윗사람을 칭할 때 자주 사용하는 낱말로는 '아

女子

저씨'와 '아주머니'가 가장 많이 쓰일 것이다. 또한 처음 보는 사람에게 말을 건넬 때 조금이라도 자신보다 나이가 많다 싶으면 곧잘 쓰는 말이기도 하다. 하지만 이런 의미 이외에도 같은 또래 남자의 아내와 여자의 남편이란 뜻도 담겨 있는데, 그런 의미로 사용되는 경우는 좀처럼 보기 어렵다.[33] 어쨌든 '아저씨'와 '아주머니'는 남성과 여성을 대표하는 단어임에 틀림없다. 이제 이 단어들에 담긴 남성상과 여성상이 어떤 것인가를 살펴보도록 하자.

'아저씨'의 어원 분석은 대체적으로 서로 대립된 두 가지 설이 우세하다. 그 하나는 다음과 같다.

앛〔小〕＋압〔父〕＋씨(존칭 접미사)

이것은 '아자씨＞아저씨'로의 변화에 의해 결국 '작은아버지'를 의미한다. 또한 우리말에서 작은아버지를 나타냈던 낱말로 '아재'가 있었음을 고려해볼 때, '아재'에 대한 분석도 위의 '아저씨'와 다를 바 없다.

앛〔小〕＋압〔父〕＋이(주격 조사)

즉 '아자비'에서 줄어든 말이 '아재'가 된 것으로 보는 것이다.[34] 이런 분석에서는 '아저씨'에서 혈족으로서의 공감대를 가지려는 의도가 느껴진다.

33) 특히 '아저씨'가 같은 또래 여자의 남편을 칭하는 호칭으로 사용되기도 하지만, 사전적 의미에 의하면 오용誤用이다.

34) 앞절에서 살펴본 '사나이'에서 '사내'로의 변화와 다를 것이 없다.

다른 하나는 발음에 충실하게 '아재'와 '아저씨'의 분석을 하
는 방법이다.

　　　　앚〔小〕＋애(명사화 접미사)
　　　　앚〔小〕＋엇〔親〕＋이(주격 조사)

이런 분석에서는 '작다'는 의미는 충실히 반영하고 있지만,
손윗사람이란 정체성이 분명히 드러나지 않아 받아들이기에 어
려운 면이 있다. 하지만 '엇〔親〕'을 부모에 대한 경칭의 표시로
보고 '아재'란 단어가 비속어에 속한다는 점을 고려할 때 이런
분석의 타당성이 전혀 없는 것도 아니다. 게다가 앞절의 주장처
럼 '아가씨'에서 '씨'가 존칭 접미사가 아니라면, '아저씨'에서
도 반드시 존칭 접미사로 여길 필요는 없을 것이다. 다만 일반
적인 시각에서 '아가씨'와 '아저씨'에서의 '씨'를 존칭 접미사
로 보는 견해가 지배적이므로, 현재 대부분의 국어학자들은 첫
번째 분석 방법을 더 타당한 것으로 여긴다. 그러나 우리는 이
런 고정된 시각에서 과감히 벗어나 새로운 시각으로 우리말을
바라보아야 한다. 그래야만 언어에서의 여성의 모습이 진실되
게 나타날 수 있다.
　여기에서 잠깐 '씨'에 대해 생각해보자. '씨'와 더불어 쓰이
는 단어로 우리는 쉽게 '각시'를 연상할 수 있다. 그런데 이 단
어에는 존칭적 의미가 담겨 있지 않다. 대부분의 학자들도 그런
의미를 고려하여 '각시'를 다음과 같이 분석한다.

갓〔妻〕+이(주격 조사)

그러나 이런 분석에도 문제가 있다. 'ㅅ'이 'ㄱ' 대신에 쓰인 용례가 있듯이,[35] '각시'를 '종자' 라는 의미의 '씨'와 더불어 쓰인 단어로 생각하고자 한다.

갓〔妻〕+씨〔種〕

다시 말해서 아내는 종자를 얻기 위해서 거둬들인 여자인 셈이다. 그렇다면 '아가씨'에서처럼 '아저씨'에서도 '씨'를 존칭 접미사나 앞의 단어와 연결된 주격 조사로 분석해야 할 타당성이 없어질 수 있다. 그래서 하나의 대안으로 다음과 같은 분석 방법을 제안한다.

앛〔小〕+압〔父〕+씨〔種〕

이런 분석이 타당하다면 '아저씨'란 '아버지 항렬에 버금가는 사람'이란 뜻이 될 수 있다. 이런 해석이 옳다면 우리가 원래 의도하던 '아저씨'의 의미를 찾게 된다.[36] 아버지와의 관계에서 그 의미가 결정되는 '아저씨'와 달리 '아주머니'는 어떻게 분석되는지 살펴보자. 우선 일반적인 분석에 따르면, '어머니'의 분석을 본떠서 '앛〔小〕+엄〔母〕+엇〔親〕+이(주격 조사)'가 된다. 결국 작은어머니란 뜻이다. 여기에는 충격적인 낱말이 하나 들

35) 예를 들어, 앞절에서 살펴본 '앗>악'으로의 변화, '삿>삭'의 변화로 '삭+이>삭기>새끼'로의 변화를 생각해보자.

36) 어원적인 관점에서 '아저씨'의 '씨'는 '아재'에 덧붙여진 존칭 접미사로 보는 것이 훨씬 타당하다. 그러나 여기에서는 그런 의미의 사용이 우리말을 사용하는 모든 구성원에게 쉽게 받아들여지는 근본적인 이유를 다시 한번 되짚어보기 위해 이런 분석 방법을 제안한다.

어 있다. 바로 남편과 같은 항렬에 있는 사람으로, 보통 시숙媤
叔이라 일컬어지는 순 우리말 '아주버니' 다.

앚[小]＋압[父]＋엇[親]＋이(주격 조사)

만약 이러한 분석이 가능하다면, 남편과 같은 항렬의 사내가
아버지에 버금가는 사내가 된다. 물론 아내에게 남편은 아버지
와 같은 존재였다는 사실을 감안할 때, 이런 분석은 받아들이기
에 큰 무리는 없겠지만 어떻게 부모의 항렬에 있는 여성을 칭하
는 '아주머니' 와 동등하게 비교될 수 있단 말인가? 또한 위의
분석에 따르면 '아주머니' 는 '어머니에 버금가는 여자' 가 된다.
그러나 '아주머니' 는 나와 같은 연배 남자의 아내를 칭할 수도
있다. 바로 이런 뜻으로 해석할 때 '아주머니' 는 '아주버니' 와
대칭관계에 놓일 수 있다.

그러나 문제는 남성의 경우에서와 달리, 여성의 경우 적어도
한 세대의 차이가 있는 두 사람이 어떻게 동일한 단어로 불리냐
는 것이다. 남성 중심의 사회에서 자신을 낳아준 어머니 이외의
모든 여자는 동일한 존재로 여긴 시대적 의식이 언어에 반영된
결과로 볼 수 있다. '할아버지/할머니' 의 분석에서 보았듯이,
'할머니' 는 그저 '늙은 어미' 일 뿐이라는 사실도 이런 시대적
관념과 무관하지 않다. 그렇다면 자신의 어머니 이외의 여성인
데도 존칭적 의미가 담겨 있는 '아주머니' 는 어떻게 만들어진
단어일까? 우선 '아주머니' 의 옛말은 '아주미' 였다는 데서 해답

을 찾아보도록 하자. 우리는 여기에서 '암>엄'으로의 변화를 분명하게 확인할 수 있다.

앚〔小〕＋암(암컷)＋이(주격 조사)

위의 분석에서처럼 아즈미는 그저 동물에 비유되는 존재였을 뿐이다.[37] 다시 말해서 자식의 생산을 위한 암컷이라는 것이다. 이런 분석에서는 어떤 존칭적 의미도 발견할 수 없다. 그러나 시대는 변화했고 이제 여성도 당당하게 세상의 절반을 차지하는 존재가 되었으므로 여성을 표현하는 단어에도 남성과 동등한 존칭적 의미를 부여할 수 있어야 했다. 그 결과 주격 조사 '이' 대신에 존칭 접미사 '씨'가 덧붙여진 '아짐씨'가 만들어지고,[38] '아주버니'와 대칭을 이루는 '아주머니'가 탄생된 것이다. 그러나 원래의 출발에서처럼 여전히 '아주머니'는 의미상으로 두 세대의 여성을 포괄하는 단어다.

'아저씨'와 '아주머니'는 모두 부모에 버금가는 사람들을 지칭하므로 동등한 가치를 지닌 단어로 여겨진다. 그러나 '아저씨'와 달리 '아주머니'에는 어머니 세대의 여성과 딸 세대의 여성이 동시에 포함되어 있다.

## (5) 놈과 년

욕설은 언어 문제를 살필 때 절대로 가볍게 넘어갈 수 없는 부분이다. 욕辱은 어느 나라 언어를 막론하고 성기性器와 관련되

37) 그래서인지 '아주머니'는 '애(기) 주머니'와 관계가 있다는 속설이 있다.

38) 이때의 '씨'는 존칭의 의미를 담은 접미사임에 틀림없다. 그렇게 생각하는 이유는 이 단어의 생성 시기가 다른 단어들에 비해 최근이기 때문이다.

어 있게 마련이다. 우리말 역시 예외일 수 없다. 우리말에서 남
성과 여성을 경멸해서 표현하는 데 거의 예외 없이 사용되는
'놈'과 '년'을 중심으로 욕에 나타나는 남성과 여성에 대한 언
어적 시각을 추적해보고자 한다.

우선 '놈'부터 살펴보도록 하자. 이 단어의 출발점은 어디일
까? 달리 말해서 근원적인 의미를 어디에서 찾아야 할까? 이런
의문을 해결하기 위해 우리말에 나타나는 다음과 같은 명사화
를 눈여겨보아야 한다.

자다 → 잠

꾸다 → 꿈

찌다 → 찜

웃다 → 웃음

위의 변형을 통해 '놈'은 '놀다'에서 출발했을 가능성을 생각
해볼 수 있다. 다시 말해서 남성이면 당연히 식솔의 부양을 위
해서 열심히 일해야 함에도 그렇지 않기에 욕을 먹어 마땅하다
는 의미가 담겨 있다. 생업이 없이 세월을 보내고, 할 일 없어
한가롭게 시간을 죽이는 상황을 표현하는 단어가 바로 '놀다'임
을 생각해볼 때, 결국 '놈'이란 남성의 역할을 제대로 하지 못하
는 사내를 부르는 호칭으로, 곧 그런 사내는 욕을 먹어도 싼 존
재라는 것이다.

이런 추측을 더욱 확고히 해주는 단어가 있다. '놀다'의 또 다

른 명사형이 '놀이'라 할 때, '놈놀이'란 단어에는 사내를 낮추어 비웃는 투가 담겨 있다. 또한 우리에게 낯설지 않은 '놈팡이'란 단어 역시 장돌뱅이, 게으름뱅이 등에서 '~뱅이'가 '~팡이'로 변형된 것과 이 단어가 하는 일 없이 빈둥빈둥 노는 사내를 일컬음에서도 알 수 있듯이, '놈'이란 단어도 틀림없이 '놀다'에서 왔다고 볼 수 있다.[39] 결국 '놈'은 사내라면 당연히 해야 할 의무를 회피한 채, 아무 생각 없이 소일하는 자에 대한 경멸이 담긴 표현이다.

반면에 여자를 경멸하거나 하대下待하여 일컫는 '년'의 근원적 의미는 무엇일까? '놈'의 경우에서와 달리 '년'에서 'ㄴ'은 관형사형 어미다. 따라서 '년'의 어원은 명사였거나 동사 혹은 형용사였을 것이라 추측된다. 현재로서는 '년'을 추적해갈 만한 명사를 찾을 수 없으므로, 동사나 형용사에서 그 어원을 찾아보면 '가다'는 의미를 지닌 '녀다'가 가장 타당성이 있다. 게다가 '녀~'가 '니~'로도 표현된다는 점에서, '녀'와 '니'의 관련성을 생각해볼 수 있다.[40]

그렇게 되면 '녀다'는 곧 '니다'로 발전할 수 있는데, 이때 '니다'는 머리에 물건을 얹어놓는 것을 의미한다.[41] 여기에서 우리는 '년'의 근원적인 의미를 유추해볼 수 있다. 결국 '년'의 근원적 의미는 '머리에 물건을 이고 가는 사람'이 된다.

그러므로 '놈'과 '년'의 형성 과정에서 커다란 차이가 느껴진다. '년'에는 여성이 짊어져야 할 숙명이 담겨 있지만, '놈'에는 남성의 몫을 제대로 하지 못하는 사내에 대한 경멸이 들어 있

39) '놈팡이'가 놀고 있는 남자에 대한 경멸적 표현이라 한다면, '놈'이란 '놀다'에서 유래한 것이고, 경멸적인 의미는 '~팡이'에 담겨 있을 것이다.

40) 여기에서 언급되는 '녀'와 '니'는 순 우리말에 속하지만, 한자에도 여자를 의미하는 '女'와 '尼'가 있다는 점은 흥미롭다.

41) 즉, '니다>이다'로의 변화가 이루어진 것이다.

다. 즉, '년'은 경멸의 의미로 쓰일 이유가 전혀 없는데도 단지 '놈'과 대칭을 이루기 위해 욕으로 쓰이게 된 것 같다.

이야기를 좀더 확대해보자. '놈'은 사람을 지칭하는 것 이외에도 동물이나 사물을 칭하는 데 사용된다. 또한 사내 구실을 못하는 남자는 동물이나 사물처럼 취급되었음을 알 수 있다. 따라서 사내 구실을 스스로 저버린 사내는 '놈'이란 욕설로 불려도 되지만, '년'은 그저 물건을 머리에 이고 걸어가는 여자란 의미인데 왜 욕으로까지 그 의미가 확대되어 쓰이는지 모르겠다.

이처럼 여성에 대한 차별은 욕설에서도 발견된다. 그러므로 이런 현상을 하나씩 발견할 때마다 언어에 나타나는 여성에 대한 차별상을 끄집어내 그런 언어 사용의 원인을 차분히 밝힘으로써 여성의 진정한 모습을 찾는 데 소홀해서는 안 될 것이다. 어떤 문제의 발견은 그런 문제를 지닌 존재를 궁지로 몰아가기보다는 근원적인 해결을 도모하기 위한 방편이라는 것을 잊어서는 안 된다.

'놈'과 '년'을 떠올릴 때마다 함께 연상되는 단어가 있는데 바로 '녀석'이다. 그런데 이 단어는 오로지 남성에게만 쓰인다. 남자를 욕하는 단어이기도 하지만, 어린아이를 귀엽게 칭할 때 사용하기도 한다. 그럼 이 단어는 어떤 의미를 지니고 있을까? 우리는 '녀석'이란 단어를 '년'과 관련시키지 않고 생각할 순 없을 것 같다. 그것의 어원이었던 '녀~'로부터 유추해보면 '가다, 떠돌아다니다'라는 의미가 '녀(석)'에서 찾아진다. 그러면 '석'은 무엇일까? '바깥 외外'는 '저녁 석夕'과 '사람 인人'의

조합으로 '저녁까지 열심히 일하며 돌아다니는 사람'이라 해석한다. 이런 관점에서, '석'은 순 우리말임에도 '저녁 석夕'이라는 이두식 한자를 차용한 것이 아닌가 생각된다. 어쨌든 소리만이 아니라 의미까지 빌려온다면, '녀석'은 저녁까지 바쁘게 싸돌아다니는 사람 정도의 뜻으로 해석할 수 있다.

결국 출발점은 같지만 '년'과 '녀석'은 그 의미가 다르다. 불공평하게도 '년'은 의미와 관계없이 욕으로 쓰이는 반면, '녀석'은 '놈'처럼 욕 먹을 짓을 한다는 의미를 담고 있어 욕으로 사용되는 것이 당연하다. 이처럼 언어에서 나타나는 성 차별상은 욕설에서도 예외가 아니다.

이상에서 살펴본 바와 같이 남자와 여자를 칭하는 단어에서 남성은 언제나 예우의 대상이었으나, 여성은 예우는커녕 여성이기 때문에 짊어져야 했던 무거운 의무에 빗대어 불렸다. 과연 이런 의미 차이를 담고 있는 단어들을 계속 사용해야 하는가 곤혹스럽지만, 언어의 속성상 신속한 변화를 기대하기 어려우므로 한동안 이런 성 차별이 담긴 언어를 사용할 수밖에 없다.

이런 차별을 의식하고 개선하고 극복하려는 의지 없이 여성에 대한 차별이 담긴 말을 무의식적으로 계속 사용하여 남성의 우월의식이 여성을 누르는 악순환을 방치하기보다는 문제에 정면으로 맞서 새로운 언어관을 창조하려는 노력이 필요하다. 이런 분위기를 조성하여 원하는 성과를 거둘 수 있을 때, 여성은 진정한 의미에서의 평등을 누리게 될 것이다.

# 3. 신체어와 음양오행

여기에서는 신체어가 상징하는 의미를 우리 민족의 삶과 문화 속에 깃든 의식의 차원에서 살펴보고자 한다. 특히 우리가 속한 동양문화권에서 우주에 대한 인식과 사상체계의 중심이 되어온 원리인 음양오행 사상에 근거하여, 신체어가 지닌 상징적 의미를 알아볼 것이다. 조선 중종22년(1527)에 최세진이 펴낸『훈몽자회』에서 인체의 부분들을 오행론에 근거하여 소개한 바 있으므로, 이런 연구가 처음이라고는 할 수 없다. 그러나 여기에서는 단순한 비교를 넘어, 오행론에서 중요시하는 신체 부위들 중 여성적인 것에 해당하는 것과 남성적인 것에 해당하는 것을 음양론적 관점에서 분류하여 비교해볼 것이며, 더 나아가서는 방위, 계절, 색깔, 감정 등과도 연결해 살펴보고자 한다.

이미 호칭어에서 살펴본 여성과 남성의 차별상처럼 음양오행 사상이 굳건한 가부장적 유교사회를 유지시킨 동양사상의 기본 원리라 할 때, 음적陰的인 요소에 비유되는 것들이 결코 양적陽的인 요소에 비유되는 것보다 우세하게 제시될 수는 없으리라 생각한다.

특히 음양오행을 점술과 결부시킨 것을 역학易學의 한 부분이라 한다면, 이때 '역易'이란 한자의 구조에서도 위의 추측을 확인할 수 있다. 즉 '역易'은 윗부분이 '양陽'의 상징인 태양〔日〕이며, 아랫부분은 '음陰'의 상징인 달〔月〕로 이루어져 있어 남성에 의해 지배당하는 여성의 모습을 나타낸다. 그러나 이런 단순한 관찰에 머무르기보다는 여성적인 것에 대한 차별을 하나씩 실제로 확인해가면서 직접 그 차별상을 경험해볼 때, 그리고 겉으로는 전혀 여성에 대한 차별이 아닌 것임에도 근본에 있어서는 여성에 대한 철저한 경시가 숨어 있음을 확인하게 될 때, 보다 새롭고 진지한 여성운동이 전개될 수 있으리라 믿는다.

신체 부위는 크게 감각기관을 이루는 오관五官과 내장기관인 오장五臟으로 나눈다. 따라서 이런 두 가지 구조가 음양오행적 관점에서 어떻게 비교되는지 차례로 살펴보자.

## (1) 오관五官

'오관이 번듯하다'는 말이 있다. 이때 '오관'이란 외부 세계를 인식하는 다섯 가지 기관, 즉 눈, 혀, 코, 귀, 피부를 총괄하는 단어다. 이런 다섯 가지 기관은 오행의 원리에 따르면 다음과 같이 분류된다.

| 오행 | 목(木) | 화(火) | 토(土) | 금(金) | 수(水) |
|------|--------|--------|--------|--------|--------|
| 오관 | 눈 | 혀 | 피부 | 코 | 귀 |

　그런데 이런 오행의 원리를 방위方位와 연결해보면, 토土가 중심에 놓여 동·서·남·북이 결정된다.

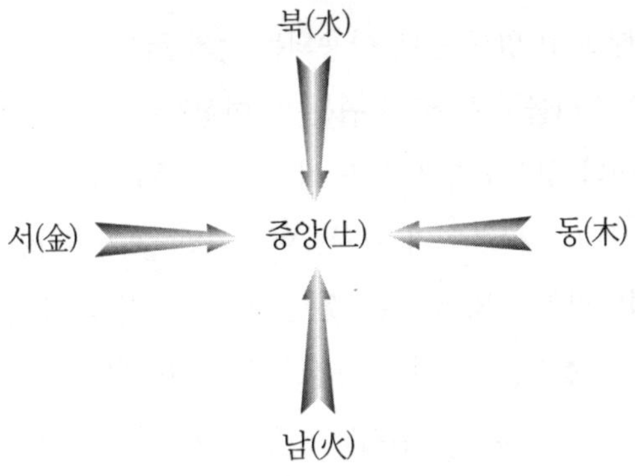


　또한 우리말의 색채 구분이 가장 어둡고 가장 밝음을 나타내는 흑과 백, 그리고 빛의 삼원색인 적·황·청의 다섯 가지로 이루어진 것도 오행의 기본원리에 따른 것이다. 다섯 가지 색 중에서 동쪽의 청색과 남쪽의 적색이 양에 해당하고, 서쪽의 백색과 북쪽의 흑색이 음에 해당된다고 할 때 다음과 같은 도표를 만들어볼 수 있다.

| 오행 | 목 | 화 | 토 | 금 | 수 |
|------|-----|-----|------|-----|-----|
| 오관 | 눈 | 혀 | 피부 | 코 | 귀 |
| 방위 | 동 | 남 | 중앙 | 서 | 북 |
| 오색 | 청 | 적 | 황 | 백 | 흑 |
| 음양 | 양 | 양 | 중앙 | 음 | 음 |

다시 말해서 '피부'는 신체의 모든 부분을 포괄하는 중심이고, 눈과 혀는 남성적 성질을 띠는 양陽에 속하며, 코와 귀는 여성적 성질을 띠는 음陰에 속한다. 이러한 구분이 어떻게 가능할 수 있을까? 보고 말하는 데 사용되는 눈과 혀는 왜 남성적이며, 냄새 맡고 소리를 듣는 코와 귀는 왜 여성적이라 생각하는 것일까? 후각이나 청각보다 시각과 미각을 더 중요시한 탓일까? 벙어리라고 해서 모두 귀머거리는 아니지만 귀머거리인 경우엔 반드시 벙어리일 수밖에 없는 것은 혀보다 귀를 더 소중한 것으로 여겨지게 한다. 그렇다면 음양오행의 원리에서는 여성을 남성보다 우위에 두었던 것일까? 이미 '역易'이란 한자의 구조에서 살펴보았듯이, 이런 질문에 대한 대답은 부정적일 수밖에 없다.

방위를 가리키는 단어들에서도 남성을 우월한 위치에 놓고 있음이 확인된다. 동쪽에 해당하는 순 우리말인 '새'가 '날이 밝아온다'는 뜻의 '새다'에서 왔듯이, 동쪽은 온 세상을 밝혀주는 시작이다. 또한 남쪽에 해당하는 순 우리말 '마'는 '앞'을 나타낸다. 그러나 여성적인 것으로 분류된 서쪽에 해당하는 우리말인 '하늬'는 가을 바람을 일컫는 '하늬바람'에서 그 뜻을 헤아릴 수 있고, 곳에 따라 서쪽에서 불어오는 바람을 '갈바람'이라 한 데서 그 뜻을 유추해보면 결국 서쪽은 '가장자리'를 의미하는 '가[邊]'가 된다. 반면에 북쪽에 해당하는 순 우리말인 '높'은 '남南'과 반대되는 '뒤'를 의미한다. 또한 집을 짓는 데도 동향 문에 남향집이면 조상의 은덕이라며 남성을 상징하는 '동'과 '남'을 중시하는 것에서도 남성적인 것을 여성적인 것보다 우선시했음이 확인된다. 따라서 우리는 눈과 혀가 남성을 상징하고, 코와 귀는 여성을 상징하는 이유를 다른 관점에서 찾아가야 할 것이다.

우선 신체적인 특징에서부터 출발해보자. 첫째 눈과 혀는 다른 무엇, 즉 눈꺼풀과 입술로 덮여 있는 반면 코와 귀는 구멍이 뚫려 있다. 아울러 구멍은 코와 귀에서 모두 음수陰數인 둘(2)로 나타난다는 공통점을 지닌다.[42] 남성을 상징하는 것은 무엇인가로 덮여 있고, 여성을 상징하는 것은 구멍이 뚫려 있음에서 우리는 그것을 남녀의 생식기와 연결시켜 생각해볼 수 있다. 그런데 눈과 혀를 덮어 가려주는 눈꺼풀과 입술이 오행의 원리에서 중심인 토土에 해당된다는 사실은 어떻게 해석해야 할까? 그것은 남성 생식기의 첨병인 귀두가 너무도 소중한 것이기에 원초적으로 덮여야 함을 의미한다고 상상해볼 수 있다.

한편으로 '꼴'이나 '모양'을 의미하는 얼굴에서 눈, 혀와 달리 코와 귀는 돌출되어 있는 부분이다. 이때 돌출의 의미는 무엇일까? '보다 뛰어남'이란 해석으로 받아들여질 수 있을까?

42) 수의 음양 구분에 대해서는 pp. 113~114 참조.

女子

오히려 그런 해석보다는 얼굴 전체 윤곽을 분명히 해주기 위해서 덧붙여진 요소, 다시 말해서 부수적으로 주어진 것이라는 해석이 더 타당하다. 이렇게 될 때 여자는 남자의 보조자라는 집단의식과 맞아떨어진다. 이처럼 귀와 코는 얼굴 윤곽을 보충해주기 위해서 부수적으로 덧붙여진 부분이다.

둘째 눈, 혀, 코, 귀의 원초적인 의미를 살펴보자. '눈'은 '마음의 거울'이라 한다. 그래서인지 우리는 살아 있는 동안에는 눈을 뜨고 있으며, 눈을 뜸과 동시에 삶이 시작된다. 반면에 우리가 죽으면 '눈을 감는다'고 한다. 다시 말해서 눈을 뜨는 순간부터 눈을 감는 순간까지가 생명을 누리는 시간이다.

우리는 '눈자위'란 말을 자주 사용한다. 여기서 '자위'의 옛말이 'ᄌᆞᅀᆞ'이고, 이에 해당하는 한자가 핵核이므로 '눈자위'는 '눈의 핵심'을 의미한다. 이런 관계에서 우리는 눈의 근원적인 의미가 '생명을 상징하는 가장 중요한 부분'이라고 여길 수 있다. 특히 오행의 원리에서 눈과 연결되는 색인 청색靑色은 '푸르다'라고 하는 우리말이 초목으로 우거진 산과 구름 한 점 없이 맑게 갠 하늘, 그리고 광활하게 펼쳐진 바다를 묘사하기에 삼라만상을 포괄하는 색이기도 하다. 또한 '푸르다'가 '풀(草)'에 그 어원을 두고 있다면, 만물이 있게 하는 근원이란 의미에서 따온 낱말이라 할 수 있다. 풀을 먹음으로써 초식동물이 생명을 이어가는 것이 생태계의 원리다. 결국 가장 강력한 존재라 할지라도 그 생명의 근원 '풀'이다. 따라서 '풀'은 '생명의 존속을 상징하는 가장 기초적인 자원'이며, '눈'은 그것을 상징하는 얼굴의 한 부분인 것이다.

'혀'는 말을 하게 하는 원동력이다. 프랑스어에서는 '혀'를 뜻하는 'langue'가 곧 '언어'라는 의미도 지니고 있듯이, '혀'는 말을 하는 데 가장 기본적인 단위다. 그럼 '혀'가 지닌 근원적인 의미는 무엇인가 살펴보자. 우선 '혀'라는 발음은 서울과 경기 지역에서 사용될 따름이고, 대부분의 지역에서는 'ㅎ/ㅅ'의 넘나듦으로 인해 '서' '세' '쎄' 등으로 발음되고 있다는 사실에 주목할 필요가 있다.[43]

이런 사실에서 우리는 '혀'를 밝아옴을 의미하는 '새다' '새벽' 등과 관계 지어볼 수 있고, 한편으로는 수를 헤아리는 '세다'로까지 연결해볼 수 있다. 특히 '세다'가 '해[年]'를 헤아리는 동작이며, '해[年]'는 곧 '태양'과 밀접한 관계가 있다고 추측하게 된다. 이렇게 되면 '혀'는 시작을 의미하며, 또 태양을 의미하기도 한다. 이런 추측은 오행의 원리에서 '혀'가 붉은색과 연계된다는 점에 의해 뒷받침된다. 겉보기에 '혀'는 붉은색이며, '붉은'에서 '붉'은 불[火]과 떼려야 뗄 수 없는 어원적 관계를 맺고 있다. 이런 색과 불의 모습이 바로 태양이 아니겠는가. 이처럼 신체어와 색채어의 연계성이 곧바로 오행의 원리에서 찾아진다는 점에서 우리는 선조들이 낱말 하나를 결정하는데도 얼마나 정성을 기울였으며 민족의 의식구조를 반영하려 했는가를 알 수 있다.

반면에 '코'는 그 어원적 의미가 분명하게 드러나 있지 않다. 그러나 우리 조상이 단어를 결정할 때 생활에서 쉽게 접할 수

43) 이남덕, 『한국어 어원 연구』, 1986, 이대출판부.

女子

있는 사물의 모양을 중시하였을 것이라고 추측해본다면, '코'의 옛말인 '고'의 의미가 '옷고름이나 끈 따위를 맬 때, 한 가닥을 매듭에서 약간 빼어 고리처럼 내놓은 것'이란 의미와 연결해보자. 옷고름과 얼굴을 대비해본다면 얼굴에서 코가 차지하는 위상을 짐작할 수 있다. 이처럼 사람의 '코'가 옷에서 돌출된 고름에 빗대어 만들어진 단어라 하면 앞에서 살펴본 '눈'과 '혀'의 상징적 의미와는 너무도 대조적이다.

또한 오행의 원리에서 '코'에 대응하는 색은 흰색이다. '희다'는 '히(태양)'에서 온 낱말이라 한다. 그러나 태양은 음양사상에 따르면 양陽에 속하므로 무언가 어울리지 않는다. 그렇다면 어원 분석이 잘못되었다고 추측할 수 있다. 오행의 원리에 충실한 방향으로 접근해 들어가보자. 우리말에는 'ㅎ/ㅅ'의 넘나듦이 있었으므로, '희다'의 근원을 '세다'에서 찾아보자. '세다'란 머리카락이 희어지는 상태, 혹은 얼굴의 혈색이 없어지는 상태를 일컫는다. 그렇다면 '세다'란 사라져가는 상태를 의미한다. 게다가 흰색은 색이 없는 상태다. 결국 '세다'란 동사의 의미처럼 색이 사라져간 결과가 바로 흰색이다. 또한 사라짐이란 방위로 보아 서쪽이며, 서녘 바람을 가리키는 '갈바람'은 삶의 가장자리를 넘어서 죽음의 가장자리로 들어오는 순간을 의미한다.[44]

한편으로 '귀'는 구멍을 뜻하는 '굿'에서 나온 낱말이라 여겨진다. 즉 '굿(구멍)＋이(주격 조사)＞구시＞구싀＞구이＞귀'라는 변화의 과정을 거쳐 오늘날의 형태가 되었다고 보는 것이

44) 흰색을 태양과 연결하는 일반적인 해석은 우리 민족이 흰색을 사랑한 백의 민족이었다는 사실에 너무 집착한 결과가 아닌가 싶다. 만약 우리 민족이 흰색을 그토록 사랑했다면, 과거 국가의 형성 시기부터 모든 관원들이 흰옷을 즐겨 입어야 했고, 최고 권위자인 왕 역시 백색으로 곤룡포를 장식했어야 한다. 그러나 실제로 관원의 옷은 양陽에 속하는 청색과 적색이 주조였고, 백색은 부모와 친지의 죽음을 맞아 입던 옷의 색이었다.

다.[45] 이처럼 '귀' 역시 사물의 모습을 본떠 만들어졌으므로 '코'와 유사한 발생 과정을 갖는다. 또한 '굿'이 원래는 '굴', 즉 움푹 들어간 구멍을 뜻하므로 오행의 원리에 의해서 검은색과 관련 지을 수 있다. 굴은 어둡다. 따라서 눈앞의 어느 것도 보이지 않을 만큼 캄캄하고, 사방이 검은색이다. 이런 관계에서 우리는 오행의 원리가 얼마나 신비하게 신체어와 색채어를 연결시키고 있는가를 발견하게 된다. 게다가 방위의 차원에서도 '뒤'를 의미하는 북쪽과 검은색이 연결된다. 뒤가 안 보이는 것은 결국 어둡고 캄캄해서 안 보이는 것과 무엇이 다르겠는가!

어쨌든 '귀'와 '코'는 실제 물체를 빗대어 만들어진 낱말들인데 반하여, '눈'과 '혀'의 발생은 형이상학적이다. 남성적인 양陽의 성격을 띠는 '눈'과 '혀'는 차례로 '생명'과 '새벽'을 열어주는 고상한 근원을 지닌 반면에, 여성적인 음陰의 성격을 띤 '귀'와 '코'는 옷고름이나 굴의 모형을 근원적 의미로 지니는 친밀하지만 차원이 낮은 것에서 출발한다. 이런 해석이 가능하다면, 우리는 얼굴을 형성하는 이목구비의 명칭에서도 남성에 비해 여성이 차별받고 있음을 확인할 수 있다.

앞에서 언급했듯이, 여전히 우리 의식 속에 남아 있는 오행의 원리가 근본적인 출발에서부터 남자와 여자를 차별하고, 그런 원리에 의해 만들어진 신체와 관련된 낱말들에서도 여성은 차별받고 있다. 따라서 우리는 여성의 문제가 경제적이고 법적인 차원에서만 존재하는 것이 아니라 우리의 의식을 그대로 반영하는 언어의 차원에도 숨어 있음을 직시할 수 있어야 하며, 아

45) 정호완, 『우리말의 상상력』, 1991, 정신세계사.

女子

울러 그에 대한 보다 철저하고 냉정한 분석이 필요한 시점이다.

사계절을 음양의 원리에 따라 구분할 때, 봄과 여름은 양에 속하고 가을과 겨울은 음이 된다. 이런 계절의 구분을 이목구비와 연결시켜 생각해보면, 계절의 구분에서조차 여성에 대한 차별이 있음을 알 수 있다.

| 눈 | 혀 | 피부 | 코 | 귀 |
|---|---|---|---|---|
| 봄 | 여름 | 중심 | 가을 | 겨울 |

봄이란 '보다〔見〕'라는 동사의 명사형이다. 이런 어원적 설명은 결국 봄과 눈의 관계를 더욱 확실히 해준다. 또한 봄은 얼어붙었던 얼음이 녹고, 움이 트는 활기찬 생명력의 계절이다. 결국 '봄'은 대자연의 용솟음치는 생기와 활기 넘치는 재생의 기쁨을 새롭게 다시 본다는 의미로 인간 중심적인 명칭이다.

한편 '여름'은 '열다'가 명사화된 것이라 여겨진다. 즉 온갖 초목들이 제 절기를 맞아 열매를 맺는 계절로서,[46] 생명력이 절정에 다다른 계절이다.[47] 열매를 맺기 위해서는 뜨거운 태양볕이 필수적이다. 이런 점에서 '혀'의 근원적 의미로 '태양'이 연상되는 것은 여름과 혀의 관계가 결코 무관한 것이 아님을 의미한다.

반면에 가을은 '끊는다'는 의미를 지닌 '긏다'에서 온 것이라 한다. 이런 행동은 낫으로 벼를 베는 추수의 행위와도 연결된다. 그러나 '긏다'의 어원인 '긏'이 '가장자리'를 가리키므로 끊

46) 최창렬, 『우리말 어원연구』, 1988, 일지사.

47) 이와는 전혀 다른 해석에도 여름을 찬미하기는 마찬가지다. '여름'의 옛말이 '녀름'이라는 데서 '녀(行)+음>녈음'으로 분석하는 방법이다. 이때 '녀~'는 '니~'로도 표현되는 것으로, '니~'의 원초적 의미는 '태양'이다. 결국 여름이란 태양이 작열하는 계절이다. 정호완, 『우리말의 상상력』, 1991, 정신세계사.

는 행위와 연결하여 중심을 떠난 끝이 바로 가을의 의미라 상상해볼 수 있다. 즉 '코'와 '귀'는 얼굴에서 돌출된 부분이다. '코'와 '귀'는 얼굴에서 앞과 좌우의 끝을 장식하는 부분이다. 다시 말해서 코끝보다 더 앞으로 튀어나온 부분은 없으며, 귀보다 더 좌우로 돌출된 부분도 없다. 따라서 '가을'이 '가장자리'를 의미할 수 있다는 사실은 '코'의 형상과 무관하게 볼 수만은 없는 것이다.

또한 '겨울'은 '있다'는 의미를 지닌 '겨다'에서 그 근원을 찾고, 아울러 '겨다'에서 여자를 가리키는 '계집'이 파생된다. 겨울은 어느 계절보다 추우므로 집안에서 기거하는 시간이 많다. 이런 사실은 '귀'의 어원을 '굴'이란 의미를 지녔던 '굿'에서 찾는 것과 맥을 같이 한다. '굴'은 왜 필요한가를 생각해보자. 비바람을 피하기 위해서 잠시 동안 이용하는 거처다. 따라서 겨울과 귀의 관계도 오행의 원리에 어긋나지 않는다.

이렇게 볼 때, 남성의 상징인 봄과 여름은 새로운 시작을 맞이하고 생명력의 절정에 다다른 시기인 반면, 여성의 상징인 가을과 겨울은 그 절정에서 벗어나 집안에 칩거하며 새로운 생명의 계절을 맞기 위한 준비의 시기다. 이처럼 성 차별적 요소라고는 전혀 없으리라 생각했던 계절 이름에도 우리는 여성에 대한 차별이 담겨 있음을 보게 되는데, 그런 계절의 명칭은 너무나도 논리적인 방식으로 신체의 이름과 결부되어 여성을 비하시키고 있다.

## (2) 오장五臟

오행의 원리에 의해 구분된 오관五官에서 남성적인 양陽에 속하는 눈과 혀, 그리고 여성적인 음陰에 속하는 귀와 코의 발생 원인은 마치 남성과 여성의 지적 수준을 가늠해주기라도 하듯, 언어에서 여성의 열등함을 단적으로 보여주었다. 이번에는 내장內臟의 기본이 되는 오장五臟, 즉 간, 심장, 비장, 폐, 신장의 경우를 살펴보자. 우선 오행의 원리에 따라서 오장을 구분해보면 다음과 같다.

| 오행 | 목 | 화 | 토 | 금 | 수 |
|---|---|---|---|---|---|
| 오장 | 간 | 심장 | 비장 | 폐 | 신장 |
| 음양 | 양 | 양 | 중앙 | 음 | 음 |

비장을 중심으로 양의 방향에 간과 심장이 있고, 음의 방향에 폐와 신장이 자리한다. 눈에 약을 넣으면 입맛이 쓰고 코를 풀면 귀가 막히듯이 간과 심장, 그리고 폐와 신장의 관계도 오관의 관계에 못지않다.[48]

간(肝)의 한자를 분석해보면, '肉(고기, 내장) + 干(방패)' 이 된다. 이를 해석해보면 '간' 은 내장기관을 보호하고 막아주는 방패 역할을 하는 부분이다. 달리 말해서 '간' 은 음식물의 소화를 돕고, 독을 분해하며, 생명의 근원인 피를 만들어주는 중심적인 기관이다.

한편 심장은 염통이다. 즉 '염+통' 으로 이루어진 합성어다. 이때 '통' 은 밥통, 술통 등의 쓰임새에서처럼 무언가를 담는 용

[48] 예를 들어, '간담이 서늘하다' 는 말에서 '간담' 이 '마음' 을 뜻하고 있음에서 우리는 '간' 과 '심장(결국 마음)' 의 관계를 언어적 차원에서 짐작해볼 수 있다. 또한 오행상생설에서도 목생화木生火이고 금생수金生水라는 점에서 그 관계를 짐작할 수 있다.

기容器를 의미한다. 그리고 '염'이 순 우리말이라면 '꽉 차 있는 상태'를 의미한다. 예를 들어, 물이 차 있으면 수렴이라 하고, 나무나 풀뿌리 같은 것이 엉켜 있는 상태는 목렴이라 한다. 그렇다면 '염통'은 무엇인가로 빈틈없이 채워져 있는 통이 된다. 심장을 의미하는 '심心'은 곧 '마음'이므로 '마음으로 꽉 채워진 통'이 바로 염통이다.[49]

만약 '염'이 한자에 그 기원을 두고 있다면 두 가지 가능성을 생각해볼 수 있다. 하나는 앞의 해석과 맞아떨어지는 것으로 '생각 념念'의 가능성이며, 다른 하나는 시체를 씻는 행위로서 새로운 세상으로 들여보내기 위한 성스러운 의식을 의미하는 '염할 렴殮'이다. 만약 후자의 가능성이 타당하다면 염통은 항상 새로운 생명을 이어갈 수 있게 해주는 통이 된다.

이상의 해석에서 우리는 '간'과 '심장'에서 언어적인 공통점을 하나 발견하게 된다. '간땡이가 부었다'는 말에서처럼, '~땡이'란 '~덩이'에서 온 것이기 때문에 결국 '간'도 '심장'과 마찬가지로 하나의 덩어리가 된다. 심장은 곧 '염통'이기 때문에 하나의 통, 즉 하나의 덩어리임이 쉽게 이해된다. 이처럼 남성을 상징하는 '간'과 '심장'은 모두 하나로 된 덩어리다.

반면에 '폐肺'는 '肉(고기, 내장)＋巿(앞치마)'로 이루어져 있다. 간단히 해석하면 폐는 앞치마와 같은 역할을 하는 내장기관이다. 그럼 앞치마란 무엇을 의미할까? 우리는 이미 여자 형제를 언급하면서 '姉妹'란 단어를 분석해보았는데 '자姉'에도 '폐肺'의 구성 요소인 '巿'가 들어 있다. 결국 손위 언니는 앞치

49) 생물학적 측면에서는 '피(血)'로 가득 찬 통이란 해석도 가능하다. 우리의 의식에서 '피'란 곧 혈연을 의미하므로, 심장이 음양의 구분에서 양陽에 속함을 이해할 수 있다.

마를 두른 여자이므로 집안을 책임지고 처리하는 여인이다. 식사 준비에서 청소, 빨래에 이르기까지 모든 가사가 그녀의 몫이다. 이렇게 볼 때, '폐'란 호흡 과정에서 우리 몸에 빨려 들어온 공기 속의 먼지를 깨끗이 청소하고, 다시 우리 몸 속에서 생성된 유해 물질을 밖으로 밀어내는 역할을 하는 기관이다. 마치 여자가 집안을 청소하는 과정과 유사하다. 그러기에 '폐'의 한자 구성에 '앞치마'가 필요한 것이 아닐까.

한편 '신장'은 '콩팥'이다. 우리의 삶에서 콩과 팥의 의미는 무엇일까? 일단 이들이 음식의 일종임에 유의해야 한다. 우리의 주식主食은 누가 뭐라 해도 예나 지금이나 쌀임에 틀림없다. 그런 쌀에 곁들여지는 것이 바로 콩이나 팥이다. 콩밥이나 팥밥이라 해서 콩이나 팥이 주가 되는 것은 결코 아니다. 쌀이 주가 되고, 콩과 팥은 보충적으로 곁들여지는 음식일 뿐이다. 만약 쌀이 남성을 상징하는 음식이라면, 쌀에 곁들여지는 콩팥, 즉 '신장'은 보조자일 뿐이다.

이상의 해석에서처럼, 내장기관을 이루는 간, 심장, 폐, 신장의 명칭에도 여성에 대한 철저한 차별이 담겨 있다. 남성을 상징하는 간과 심장은 '형兄'이 집안을 대신해서 방패 노릇을 하고 가솔을 지휘하듯이, 모든 것을 포용하고 새롭게 살아가는 용기를 북돋우는 형이상학적 차원에서 그 이름이 결정된다. 그러나 여성을 상징하는 폐는 여성이 청소하는 모습을 그대로 형상화하고 있으며, 신장은 보조적 기능을 띠고 있어 여성에게 부여된 역할과 숙명이 무엇인지를 추측케 한다.

언어적 차원에서 살펴본 차이 외에, 간과 심장으로 대표되는 남성상과 폐와 신장으로 대표되는 여성상의 차이를 다른 관점에서 찾아볼 수 있다. 즉, 그 기능을 통해 알 수 있는 것은 안과 밖의 차이다. 간과 심장의 기능이 인체의 내부에서만 이루어지는 반면, 폐와 신장은 안으로 받아들인 것을 밖으로 배출한다. 폐는 호흡 기능을 담당함으로써 안으로 들어오는 들숨과 밖으로 뱉어내는 날숨이 있고, 신장은 식도 등으로 흡입한 수분과 더불어 과다하고 불필요한 염분 등을 배설하는 기능을 담당한다. 따라서 간과 심장, 즉 남성은 '남아 일언 중천금' 이라는 말도 있듯이 내뱉음을 절제하는 속성을 지닌 반면 폐와 신장, 즉 여성은 말이 많아 수다스러움으로 특징 지어지는 내뱉음의 문화를 보여주는 것이 아닐까 상상하게 한다.[50] 이런 오행의 원리에 따른 오장五臟의 분류는 우리의 감정을 지배하는 다섯 가지 의지, 즉 오지五志의 분류와 연관이 있다.

50) 여성의 수다에 대해서는 4장의 속담 분석을 참조.

| 오행 | 목 | 화 | 토 | 금 | 수 |
|---|---|---|---|---|---|
| 오장 | 간 | 심장 | 비장 | 폐 | 신장 |
| 오지 | 노怒 | 희喜 | | 비悲 | 공포恐怖 |
| 오성 | 호呼 | 소笑 | | 곡哭 | 신呻 |

예부터 노여움은 가라앉히고, 기쁜 감정은 쉽게 드러내지 말라 했다. 그래서인지 노여움과 기쁨은 오장 중 내부에서만 기능하는 간과 심장에 연결되어 남자가 노여움과 기쁨을 쉽게 드러내면 경솔하고 경망스런 사람으로 취급받았다. 따라서 남성에

게는 그런 감정 표현의 절제가 요구되었고, 남성들도 자신의 감정을 절제하지 못하는 것을 남자답지 못하다고 생각했다.

반면에 슬픔과 공포심은 어떠한가. 슬픈 감정이 복받치면 '한숨이 절로 난다'. 달리 말해서 이성이 통제할 새도 없이 '저절로' 한숨이 나온다. 한숨이란 결국 호흡운동의 일종이기 때문에 폐와 밀접한 관련을 갖는다. 또한 공포에 질렸을 때 어떤 본능적 행위가 일어나는가? 잘 알다시피, 요의를 느끼거나 오줌이 찔끔 나오지 않는가. 오줌의 배설을 관장하는 기관은 바로 신장이다. 이렇게 볼 때, 신장과 공포심의 관계도 설명된다.

한 걸음 더 나아가 오성五聲과의 관계도 마찬가지다. 즉 꾹 참아오던 노여움이 터지면 큰 소리〔呼〕를 지를 수밖에 없으며, 절제했던 기쁜 감정이 폭발하면 웃음〔笑〕이 자연스레 터져나온다. 마찬가지로 슬픔에 복받치면 한숨을 내쉬며 울〔哭〕 수밖에 없으며, 지나치게 놀라면 소리 치기는커녕 동물처럼 신음〔呻〕만 새어나올 뿐이다.

이처럼 신체의 내부기관인 오관에 비유된 남녀의 모습에서도 여성을 비하하고 있음을 확인할 수 있다. 남성을 상징하는 간과 심장은 절제해야 하는 감정인 노여움과 기쁨에 연결되는데, 절제한다는 것은 곧 이성적인 행위를 의미한다. 따라서 노여워서 큰 소리를 내고 기뻐서 크게 웃는 행위마저도 절제된 감정으로서 남성의 전유물임을 보여준다. 반면에 여성을 상징하는 폐와 신장은 외부와 통하므로 수다스러움과 연결되고, 슬퍼서 울고 공포에 질려 신음하는 여성의 모습을 연상시킨다. 이처럼 오행의 원리에 의해 오장과 연결된 오지五志와 오성五聲을 살펴봐도, 비록 남성에겐 절제가 요구되지만 그 절제된 감정을 자연스레 드러낼 수 있는 감정의 분출구가 있는 반면에, 여성은 슬픔과 공포를 견뎌야 하는 미약한 존재로 그리고 있다.

음양에 따른 오장五臟의 분류에서는 이것 외에도 또 다른 공통점이 찾아진다. 앞에서 암시하였듯이, 바로 수數와의 관계다. 다시 말해서 간도 하나이고 심장도 하나인 반면에, 폐와 신장은 둘로 나누어져 있다. 또한 간과 심장은 생명을 유지하는 동안 누구에게도 양도할 수 없는 기관인 반면, 폐와 신장은 그렇지 않다. 그것들은 둘 중에 하나가 없어도 건강한 삶을 유지하는 데 장애가 되지 않는다. 내장기관들 중 하나로 이루어진 간과 심장은 남성성의 상징인 양陽으로, 둘로 나누어져 그중 하나가 없어도 생명을 이어가는 데 별 지장이 없는 신장과 폐는 여성의 상징인 음陰으로 분류되는 이유가 바로 수數와 관련되어 있음을 알아보자.

음양사상에 따르면 수에서 홀수는 양수, 짝수는 음수다. 그리고 태양은 양이고 달은 음이다. 하늘은 양이고 땅은 음이다. 강함은 양이고 약함은 음이다. 억셈은 양이고 부드러움은 음이다. 움직임은 양이고 고요함은 음이다. 적극적인 것은 양이고 소극적인 것은 음이다. 공개는 양이고 은폐는 음이다. 결국 양陽은 살아 생동하는 생명력을, 음陰은 숨어 있는 약하고 수동적인 것을 뜻한다. 이렇게 볼 때 홀수는 홀로 독립된 수인 반면에, 짝수는 우수偶數라 하여 무엇에 의존하는 수, 즉 홀수에 부수적으로 덧붙여 이루어진 수가 된다.

단순한 수數와의 관계에서도 우리 신체 구조를 이루는 간과 심장 그리고 폐와 신장의 상징적 의미가 찾아진다.

오장五臟의 분석에서 우리가 알아낸 남녀의 상징적 의미는 다음과 같이 요약될 수 있다.

| 양陽 | 간 | 심장 | 정신 | 생명 | 이성 | 홀수 |
|------|-----|------|------|------|------|------|
| 음陰 | 폐 | 신장 | 육체 | 죽음 | 본능 | 짝수 |

이처럼 남성은 강인하고 독립적이며 정신적이고 이성적인 존재인 반면에, 여성은 미약하고 의존적이어서 홀수에 덧붙여지는 본능적인 존재다. 우리가 술을 마실 때 1, 3, 5…로 술병이 홀수가 되도록 마시는 습관 역시 따지고 보면 남성 중심적 사고에서 출발한 것이다.

남성이나 여성이나 이런 수에 담겨 있는 의미, 결국 남성 중심적 사고에 근거한 문화를 즐기고 있다. 그런데 그런 문화 속에 여성을 차별하는 의식이 숨어 있을 줄이야….

지금까지 우리는 오관五官, 오장五臟을 중심으로 한 낱말들에 담긴 여성관을 살펴보았다. 전혀 짐작조차 못했던 것으로, 신체어에도 여성을 무시하고 경멸하는 의미가 숨겨져 있음을 확인할 수 있었다. 일상생활에서 자연스럽게 사용되는 눈, 코, 입, 귀에 담긴 여성에 대한 철저한 멸시, 그리고 간, 심장, 폐, 신장의 의미에 여성 경시 풍조가 담겨 있다고 할 때, 우리는 이런 여성의 모습을 어떻게 극복하고 어디에서부터 문제 해결의 실마리를 찾아야 할지 난감하기 짝이 없다. 현재 여성학을 주도하는 눈앞의 성과에 연연하는 현상적 차원의 연구가 일정한 성과를 얻는다 할지라도, 그런 결실을 발표하는 말들이 바로 여성 자신을 경멸하는 낱말들로 채워져 있다는 사실을 어떻게 받아들여야 할까? 해답은 자명하다. 이제는 눈앞의 성과에 매달리기보다는 좀더 근원적인 문제를 파헤치는 여성운동이 필요하며, 그런 운동은 곧 언어 정책과도 관련된다는 점에서 남성과 여성 모두가 참여하는 진실된 대중의 운동이 되어야 한다. 다시 말해서 이제 여성운동이나 여성학은 단지 선택받은 몇몇 여성이 아니라[51] 여성 전체를 위한 것이 되어야 할 것이다.

51) 그들은 선택받은 여성만을 위한 운동이 아니라고 주장하지만 결국 대중성 획득에서 실패했고, 설사 대중성을 얻었다 하더라도 전체적인 구도에서 왜곡된 흐름을 지녀 결과적으로 선택받은 여성만을 위한 것이 되었다.

# 3장
## 한자 속의 여성과 남성

한자는 우리가 배운 것처럼 단순히 가시적인 유형물의 형태를 회화적으로 본떠 만든 문자, 즉 상형문자에 국한되는 것은 아니다. 한자의 형태와 그것이 지닌 의미 사이의 관계를 기준으로 할 때, 일반적으로 한자는 여섯 종류의 문자로서 그 전체를 이룬다 할 수 있다.

교육적인 측면에서 가장 먼저 그 대상으로 취해지는 형태는 바로 지사문자指事文字로, 눈으로 보아서 식별이 가능하고 살펴서 뜻을 알 수 있는 형태다. 지사문자에는 上, 下와 같은 것이 있다.[1]

다음으로 우리에게 가장 친숙한 개념에는 상형문자象形文字가 있다. 어쩌면 이 형태의 것이 한자 교육의 초기 단계에서 주어지기 때문에 한자는 곧 상형문자라는 등식이 우리의 머릿속에



---

1) 즉 기준선(땅, 一)의 위를 나타내는 ( · ) 기호 (⊥)가 변해서 上이 되었고, 기준선(一)의 아래를 나타내는 ( · ) 기호 (T)가 변해서 下가 되었다고 추론할 수 있다.

자리잡혀 있다. 즉, 상형이란 사물의 형태를 시각적으로 엿볼 수 있도록 형상화한 것들이다. 가장 대표적인 예가 바로 日, 木 등일 것이다.[2]

이외에도 형성문자形聲文字가 있다. 즉 이미 존재하는 문자를 결합시켜 하나는 음을 나타내는 음부音部로, 다른 하나는 뜻을 나타내는 의부意部로 구성된다. 실제로 한자를 구성하는 문자들 중 80% 이상이 바로 형성 계열에 속한다. 예를 들어, 雲은 雨와 云이 결합된 문자로, 雨는 '비' 라는 뜻을 나타내는 의부이며, 아래에 쓰인 云은 '운' 이라는 음을 나타내는 음부가 된다.

이와 비슷하게 두 개 이상의 기존 문자들이 결합하는데, 이번에는 각 문자의 의미가 결합되어 다른 의미의 문자를 만드는 방법이다. 이렇게 만들어진 형태의 한자를 회의문자會意文字라 일



117

컫는다. 예를 들어, 人과 言을 결합하여 信을 만드는데, 이때의 뜻은 사람이 하는 말에는 거짓이 없어야 한다는 도덕적 명제를 담고 있다.

나머지 두 개의 것은 언어의 창조성과 관계가 깊다. 그중 하나는 전주轉注라 하여 이미 존재하는 한자만으로는 무수히 늘어나는 개념들과 사물들을 다 표현할 수 없기 때문에, 기존의 문자들에서 유사한 뜻을 가진 문자를 찾아 다른 뜻으로 전용하는 방법이다.

마지막으로 기존의 문자에서 음흅이나 형태를 빌려와 다른 뜻으로 차용하는 방법을 가차假借라 일컫는다.

한자의 구성에 관해서는 더 깊이 들어가지 않고, 이 정도의 소개에서 그치기로 하자. 대신 남녀의 차별 혹은 차이가 한자에서는 어떻게 표현되고 있는가에 대한 고찰에서 단순히 한자를 상형문자나 단일 구조의 표의문자表意文字로 파악하는 것을 넘어서, 우리의 분석 대상으로 취하는 한자어들이 회의어일 뿐만 아니라 형성어이기도 하다는 점을 밝혀두고자 한다. 다시 말해서 우리가 오랫동안, 그리고 빈번히 사용하는 한자어 속에 내재된 의미의 분석에서, 독립된 형태와 독립된 의미를 지니는 지사어

나 상형어는 그냥 두고라도 그것들이 결합되어 새로운 의미를
창출해내는 회의어와 형성어가 어떤 의미로 비춰지는가를 살펴
봄으로써 여성운동의 또 다른 방향을 제안해보고자 한다.

## 1. 子와 女

  땅(一)이 있고 그 위에 사람(人)이 있으니 큰 대大가, 그리고 그것보다 높은 하늘(一)이 있으니 하늘 천天이 만들어진다. 그런데 하늘보다 더 높은 것( · )이 있으니 그것이 바로 지아비 부夫다(이건 물론 글자의 형태를 가지고 하는 얘기다). 즉 남편은 하늘보다 높은 존재이니 성경에서 가르쳐준 바와 같이 남편을 하나님처럼 섬기라는 것이다.

  한자어의 분석 이전에 남녀의 현상학적 차이를 보여주는 설設을 소개한 데는 나름대로 이유가 있다. 즉, 한자에서도 남자와 여자를 표현할 때 두드러진 차별이 나타난다는 것이다. 현재 세계화와 국제화에 발맞춰 한자 교육의 필요성이 대두되고 있는 것은 여성에게는 여간 유감스러운 일이 아닐 수 없다. 언어는 사용자의 정신 구조를 반영하는 동시에 사용자의 정신에 막강한 잠재적 역할을 하기 때문이다. 그렇다고 한자 교육의 무익함을 주장할 수도 없는 노릇이다. 중요한 것은 한자에 나타나는 남녀 차별을 무시해버릴 수는 없다는 점이다. 그렇다면 어떻게 해야 할까? 여성들이 가장 심각하게 고민해야 할 문제들 중의 하나가 아닐 수 없다. 문제만을 제기해놓고 대안을 제시하지 않는 것은 책임 회피라고 비난할 수도 있다. 그러나 언어에서 표출되는 남녀 차별상을 전혀 의식하지도 못한 채 언어 교육을 받기보다는 그런 차별상을 정확히 인식하는 것이 여성들이 부딪치는 문제에 보다 효과적으로 대응하게 해줄 것이다.

## ■ 아들 자子

우선 아들을 뜻하는 한자어 子는 전형적인 상형자다. 위는 머리, 가운데의 '一'는 팔, '了'는 몸뚱이와 발의 형태를 상징적으로 묘사한 것으로 알려져 있다. 전체적인 묘사가 단지 남자인 아들만이 아니라 여자인 딸의 형태까지도 포괄한다. 그런데 딸은 제외하고 오로지 아들만을 뜻하는 한자로 사용되고 있다. 그렇다면 '딸'만을 뜻하는 한자가 존재하는가.[3]

그래서인지 우리는 아이를 배도 아들이어야 하고,

孕(아이 밸 잉)＝乃(～이 되다)＋子(아들)

3) 여식女息이란 단어가 있기는 하지만, 이것은 두 개의 한자로 구성되어 있다는 점에서 논의 대상에서 제외된다.

집에서 글을 가르치며 고이 길러야 할 아이도 딸이 아닌 아들이며,

字(글월 자) = 宀(집) + 子(아들)

늙은 부모를 봉양하고 섬겨야 할 책임을 진 사람도 다름아닌 아들이며,

孝(효도 효) = 耂(늙은이) + 子(아들)

아비의 피를 이어받아 후세에 전해야 할 존재도 아들이어야 하며,

孟(맏 맹) = 子(아들) + 血(피)

무지한 인간이기에 배워서 깨우쳐야 할 사람도 아들이다.

學(배울 학) = 爻(본받다) + 𦥑(양손으로) + 冖(무지함) + 子(아들)

다시 말해서 무지한 인간이 가르침을 받아서 그것을 양손으로 받쳐 들고 잊지 않으려고 하는 것이 바로 '배울 학學' 의 본뜻이다.

이처럼 아들은 딸과는 달리 태어나는 순간부터 기대의 대상이고, 자라는 동안에도 우대의 대상이며, 또한 배우고 익혀 아버지가 죽은 후에는 그의 대代를 잇는 존재임을 한자는 분명히 말해준다.

## ■ 계집 녀女

우선 상형어로 여겨지는 이 한자가 지닌 뜻을 살펴보자. 이 문자는 부인이 무릎을 꿇고 두 손을 모아 쥐고 있는 형태를 상형화한 것이라 한다. 이런 모습이 의미하는 것은 순종하는 여인, 혹은 기도하는 여인일 것이다.

그렇다면 여성은 어떤 존재여야 하는가? 가장 먼저 떠오르는 두 단어가 있다. 바로 要(종요로울 요)와 嬀(어머니 마)다. 즉 여자는 중요하고 필요한 존재이며, 반드시 어머니가 되어야 할 존재다.

要(종요로울 요) = 襾(허리) + 女(여자)

嬀(어머니 마) = 女(여자) + 馬(말)[4]

4) 전형적인 형성문자로, 중국어에서 어머니를 '마' 라 발음한다.

이때 要를 남성의 관점에서 해석해보면, 허리만큼이나 중요한 여자라기보다는, '필요한' 이란 의미를 강조해서 남자에게 '필요한 존재' 로 해석될 수 있다. 결국 여자는 다음과 같이 요약된다.

女子

누군가에게 순종하고, 자신의 몸을 맡기는 존재이며,

委(맡길 위) = 禾(고개 숙인 벼이삭) + 女(여자)

누군가의 아내가 되어 손에 비를 들고 집안을 깨끗하게 청소하는 존재이며,

妻(아내 처) = 屮(빗자루) + 又(손) + 女(여자)[5]

또한 언제나 가슴을 조아리고, 호흡을 가다듬고 살아야 할 며느리가 되는 존재이며,

媳(며느리 식) = 女(여자) + 自(코)[6] + 心(심장)

그리고 남편과 동침하여 아이를 생산하는 존재이며,

姙(아이 밸 임) = 女(여자) + 人(사람) + 壬(맡다)

상대 남자의 후손을 낳아 몸에서 나는 젖으로 그 아이를 키우면서야 비로소 진정한 여자가 된다.

奶(유모 내) = 女(여자) + 乃(~이 되다)

5) 처妻와 대립되는 단어로, 첩妾은 辛('죄罪'의 약어)과 女(여자)로 구성된 회의 문자다. 결국 첩이란 죄지은 여자다.

6) 코(鼻)를 약칭한 표현.

또한 그런 아이를 곁에 둘 때 여자는 진정한 행복을 느끼며,

好(좋을 호)＝女(여자)＋子(아들)

며느리와 그 자식을 놓고 다투는 시어머니가 되어 늙음을 절감
하고,

姑(시어미 고)＝女(여자)＋古(늙음)

또 잠자리를 같이 하던 남편이 먼저 세상을 떠나면 나뭇가지 사
이로 마냥 흘러내리는 비를 혼자 바라볼 수밖에 없는 쓸쓸한 존
재가 되어,

孀(과부 상)＝女(여자)＋雨(비)＋木(나무)＋目(보다)

결국 과거엔 팽팽했던 피부마저 강 위의 물결처럼 쭈글거리는
여인으로 변해간다.

婆(할미 파)＝水(물)＋皮(피부, 가죽)＋女(여자)

적어도 한자에서 여자란 존재는 누군가의 아내가 되어 아이
를 낳고, 그 아이를 바라보며 살다가 먼저 세상을 떠난 남편을
그리워하며 늙어가는 존재인 것이다.

女子

이제 여자는 어떤 존재인가를 떠나서 어떤 속성을 지니고 있고, 지녀야만 했던가를 알아보자. 남자들은 보통 여자에게 두 가지 측면을 기대한다. 하나는 외모이고, 다른 하나는 심성이다. 우리에게 일반화되어 있고 친숙한 한자어에서 이런 속성들이 어떻게 표현되고 있는가를 살펴보면 상당히 흥미로운 사실을 발견할 수 있다.

우선 외모를 보자. 남자라면 당연히 아름답고 날씬하며 교태스런 여자를 원할 것이다. 그런 남자의 바람을 반영이라도 하듯, 유난히 그런 뜻을 가진 한자어가 많다.

아름답게 아양을 부리는 여인으로서,

姣(아름다울 교) = 女(여자) + 交(종아리를 교차하고 있는 모습)

언제나 자신의 매무새를 가다듬는 여인으로서,

姿(맵시 자) = 次(다음) + 女(여자)[7]

북을 치고 노래를 부르며 남자를 즐겁게 해주는 여인으로서,

嬉(즐길 희) = 女(여자) + 壴(북) + 口(입)

하늘거리며 연약한 모습으로 남자의 관심을 끌 수 있는 여인의

7) 次란 결국 '나이가 젊은' '나이가 어린'이란 뜻을 지니므로 언제나 젊은 모습을 보이도록 노력하는 모습이 姿다.

모습을 갖는다.

嫋(예쁠 뇨)＝女(여자)＋弱(약함)

한편 남성이 여성에게 어떤 내적 심성을 갖길 원했는지 그 심
리를 추적해보면, 우리는 극단적인 양면성을 발견하게 된다.

집안을 잘 정리하여 가족들을 편안하게 해주는 여성으로,

安(편안 안)＝宀(집)＋女(여자)

언제나 빗자루를 들고 집안을 깨끗하게 청소해야 할 여성으로,

婦(며느리 부)＝女(여자)＋帚(비)

집안의 대를 이어줄 자식을 생산할 의무를 지닌 여성으로,

姓(성 성)＝女(여자)＋生(낳다)

지아비의 말씀과 자식의 말에 한결같이 순종하는 여성으로,

如(같을 여)＝女(여자)＋口(입)

어질고 착해야 한다.

$$娘(계집\ 낭) = 女(여자) + 良(착하다)$$

그러나 여성은 정반대의 속성을 지닌 존재로도 나타난다.

모이기만 하면 시끄럽고 간사하게 변모하는 여성으로,

$$姦(간음할\ 간) = 女(여자) + 女(여자) + 女(여자)$$

남자가 갈 길을 훼방 놓는 존재로서,

$$妨(방해할\ 방) = 女(여자) + 方(소리)$$

남자가 홀려 이성을 잃게 만드는 존재로서,

$$妄(망령될\ 망) = 亡(망하다) + 女(여자)$$

질투하고 시기하는 여성이다.

$$嫉(시기할\ 질) = 女(여자) + 疾(병들다)^{8)}$$

이런 여성이 남성의 눈에는 이해하기 힘든 기묘하고 신비스

8) 결국 질시하는 여성은
병든 여인이다.

런 존재로 보이며,

$$妙(묘할 묘) = 女(여자) + 少(젊음)$$

일찍 죽어 한이 많기 때문에 경계를 늦추지 말아야 할 요사스런
존재이기도 하다.

$$妖(요사한 귀신 요) = 女(여자) + 夭(일찍 죽음)$$

이처럼 극단적인 양면성을 보여주는 여성은 결코 간단히 다
루어지고 정의될 존재가 아니었기 때문에 언제나 경계의 대상
이 되어야 했고, 그런 경계심을 좀더 쉬운 방법으로 풀어내기
위해 여성의 본질은 두 가지로 귀결되었다. 그 하나가 바로 프
랑스어에서도 그런 것처럼, 여성에 대한 정의 속에 숨어 있는
'아내'와 '창녀'라는 개념이다. 이런 모습은 한자에서도 찾을
수 있다.

$$妓(기생 기) = 女(여자) + 支(지탱하다)$$
$$娼(창녀 창) = 女(여자) + 昌(번창하다)$$

이처럼 여성이 독립하고 번창할 수 있는 방법이 몸을 파는 것
임을 보여주는 한자는 참으로 개탄스럽기 이를 데 없지만, 그것
이 마치 여성의 운명인 양 자연스럽게 표현하고 있다.

女子

다른 하나의 정의는 여성을 죽도록 일만 하는 존재로 파악하
는 것이다.

$$奴(종 노) = 女(여자) + 又(손)$$
$$婢(종 비) = 女(여자) + 卑(비천하다)$$

이렇게 여성에게 주어진 족쇄에서 벗어나기 위한 여성의 노
력이 전혀 없었을까 하는 의문이 제기된다. 만약 있었다면 그런
억압을 과감히 탈출하려 했던 여성들은 어떤 모습으로 그려졌
을까? 다행히도 우리는 기본적인 한자에서 그런 탈출을 시도했
던 여성의 모습을 찾아볼 수 있다.

$$婞(강직할 행) = 女(여자) + 幸(다행)^{9)}$$
$$威(위엄 위) = 戌(도끼) + 女(여자)$$

9) 이때 幸은 夭(조사무
死)+逆(아님)의 합성어로
일찍 죽지 않아 다행이라는
의미다.

즉, 일반적인 상식에 어긋나게 '도끼를 든 여인'이나 '일찍
죽어 귀신이 되지 않아 다행인 여인'의 모습으로 그려지고 있는
것이다.

이상에서 살펴본 바와 같이, 한자에서 여성은 남성 중심적으
로 정의되는 존재이고, 그들이 지닌 속성도 결코 정상적이지 않
은 모습으로 그려지고 있다. 또한 사회에서 부여한 여성의 모습
을 거부한 여성들은 '도끼'와 '귀신' 따위로 표현한다. 이렇게
묘사되는 여성상 속에서 '정신적인 차원에서 남성과 여성의 평

등이 과연 가능할까?' 라는 의문이 생긴다.

　이런 언어적 차별이 존재하는 한, 아무리 많은 수의 여성들이 사회에 진출하여 변호사, 법관, 검사, 의사, 교수 등의 지도급 인사가 된다 할지라도, 우리의 뇌리 속에 자리잡고 있는 (의식적이든 무의식적이든) 언어의 세계에서 그들은 여전히 '도끼를 든 여인'이나 '일찍 죽지 않아 운이 좋은 여인'으로 비춰질 따름이다. 그러므로 여성들의 행동과 말에 대한 평가 역시 이런 도식화된 구조에서 벗어나기 힘들 것이다. 남성이나 여성 모두 이런 교육을 받으며 성장한 마당에, 여성의 적敵으로 여성이 등장하는 것 역시 특별할 게 없어 보인다.

## 2. 男과 女

'계집 女'는 앞서 이야기했듯이, 여자가 무릎을 꿇고 두 손을 모아 쥐고 있는 모습을 형상화한 상형문자다. 그럼 여자의 모습을 형상화하는데 왜 하필이면 무릎을 꿇은 모습, 그리고 두 손을 모아 쥐고 기도하는 모습을 선택하였을까?

여기에서 우리는 남자와 여자 사이의 결합을 중심으로 이 문제를 추적해보자.

### ■ 사내 남男

우선 사내를 의미하는 '男'이란 한자를 해석하는 것에서 시작해보자.

男(사내 남)＝田(밭)＋力(힘)

즉, 사내란 밭에서 힘을 쓰는 사람이다. 그럼 왜 사내는 밭에서 힘을 써야 할까?

밭을 갈며 수고한 대가로 얻은 소산으로 딸린 식솔을 먹여 살릴 임무를 띤 사람이 바로 남자다. 남자는 왜 이런 존재가 되어야 했을까? 이 문제를 통해 바로 앞에서 제기한 '계집 女'의 형상에 대한 질문을 풀어볼 수 있을 것이다.

## ■ 타락의 원인

우리는 여기에서 한 가지 흥미로운 사실을 제시하고자 한다. 지금부터 제기하는 이론이 학설로 인정된 것은 아니지만, 한자어에서 우리가 이채로운 구성이라 여기는 자형字形을 그럴 듯하게 설명하고 있기 때문에 언어에 나타나는 남녀 차별을 다루는 이 글에서 참고 삼아 인용하고자 한다.

구약성서의 창세기와 한자의 생성에 관련된 연관관계를 추적한 한 책에서[10] 거론하고 있는 주장을 살펴보자. 먼저 중국 민족이 문자를 창조하고자 할 때 민족 구성원 모두에게 널리 알려진 보편적 지식을 문자의 형태에 담아야 한다는 고민을 했을 거란 추측이다. 즉, 구전을 통해 모든 구성원에게 친숙한 역사적 사실을 바탕으로 문자의 형태를 결정했으리란 것이다.

우리는 여기에서 창세기와 관련된 한자를 모두 살펴보자는

10) C. H. 강·에덜 R 넬슨, 『창세기의 발견』, 1991, 청하.

女子

것은 아니다. 다만 남자를 표현한 '男'과 여자를 형상화한 '女'라는 문자의 형성 과정을 이런 차원에서 살펴보자는 것이다.

기독교 신자가 아니더라도, 인류에게 원죄가 있도록 한 원인 제공자가 최초의 여성이었던 하와라는 사실은 모두가 알고 있을 것이다. 그래서인지 모든 것의 시작을 의미하는 '시始'라는 자형字形에 '계집 女'가 포함되어 있다.

始(처음 시)＝女(여자)＋厶(은밀함)＋口(입)

즉, 하와가 은밀하게 금단의 열매를 따고 입으로 먹음으로써, 인간의 원죄가 시작되었음을 시사해주는 자형이다. 그런데 여성은 왜 하나님의 명령을 거역하여 신을 분노하게 만들었을까? 그 해답은 바로 여자의 본성에 있다고 믿어져왔다. 다시 말해서 여자의 본성엔 모든 것을 무시할 정도의 극심한 탐심이 들어 있다는 것이다.

婪(탐할 람)＝木(나무)＋木(나무)＋女(여자)[11]

이처럼 최초의 여성이었던 하와의 탐욕에 의해 저질러진 죄악으로 인하여 하나님께서는 하와에게 해산의 고통을, 아담에게는 밭을 갈고 수고해야 할 노역의 저주를 내린다. 이런 이유로 남자는 밭에서 힘쓰는 인간으로 형상화되었고, 여자는 자신의 잘못으로 남자도 저주받게 했으므로 이를 반성해야 한다는

11) 앞의 책에서는 '나무 목 木'을 두 번 반복한 이유에 대해, 이 나무들이 에덴동산 가운데 서 있던 생명나무와 선악을 알게 하는 나무라고 설명한다.

것이다. 따라서 '女'의 자형이 무릎을 꿇고 두 손을 조아린 형태인 것은 바로 자신의 탐욕으로 인해 저질러진 원죄를, 하나님과 자신으로 인해 저주의 대상이 된 남자인 아담에게 사죄하는 모습으로 해석할 수 있다.

이렇게 볼 때, 여자는 원죄의 발단이므로 영원히 남자에게 속죄해야 하는 운명을 타고나게 된다.

### ■ 혼인婚姻

이미 2장에서 살펴보았으므로 장가들고 시집가는 개념에서의 혼인이 지니는 의미를 다시 살펴볼 필요는 없을 것이다. 이 글의 목적은 혼인이란 한자어에 나타나는 내적 의미를 밝혀서, 그런 의미 속에 여성에 대한 차별이 어느 정도 심어져 있는가를 알아보자는 것이다. 따라서 여기에서는 혼인婚姻이란 한자어의 구성과 이 단어와 같은 의미로 사용될 수 있는 단어들의 구성에 관해서 살펴보겠다.

우선 '혼인' 이라는 한자어를 하나씩 분석해보자.

> 婚(혼인할 혼)＝女(여자)＋昏(어둠)
> 姻(혼인 인)＝女(여자)＋因(집안의 남자)

처음의 '혼' 은 어두운 밤에 여자를 업어와 자기 것으로 취했다는 의미다. '인' 은 '인(因)＝囗(가옥)＋大(어른)' 로 분석되

12) 잠자리(口)에 비스듬히 누운 남자(大)의 모양을 형상화한 것이란 해석도 가능하다. 결국 '姻'은 남자의 집이다.

13) 嫁(시집갈 가)=女(여자)+家(집)
娶(장가들 취)=取(가지다)+女(여자)
위의 분석에서 볼 수 있듯이, '혼가'란 '여자의 집에 들어가 밤에 여자를 데리고 나온다'는 의미로, 결국 남자의 집으로 시집가는 것이다. 반면에 '가취'란 '여자의 집에서 여자를 취하다'는 의미로서 장가든다는 개념은 결국 '여자를 갖는다'는 의미와 동일함을 알 수 있다.

어[12] 집안에 남편이 있는 여자는 주인이 있는 여자, 즉 혼인한 여자라는 해석이 가능하다. 흥미롭게도 혼인과 같은 의미로 사용되는 단어에는 모두 '계집 女'가 포함되어 있다.[13]

혼가婚家

가취嫁娶

혼취婚娶

결혼結婚

약혼約婚

남자와 여자가 하나의 몸이 되어 부부夫婦가 되는 언약의 표시가 결혼이라면, 당사자 모두를 상징해야 함에도 일방적으로 여자를 나타내는 단어들만으로 결혼이란 단어가 구성된다는 사실을 어떻게 받아들여야 할까?

또한 우리말에서는 동일하게 발음되는 출가(出家, 出嫁)는 한자어에 따라 커다란 의미 차이가 있다. 즉 출가出家는 단순히 '집을 떠남'의 차원을 넘어서 마치 석가모니가 그랬던 것처럼, 무엇인가를 성취하기 위해서 속세를 버린 이의 '원대한 꿈을 향한 출발'이 연상된다. 그러나 출가出嫁는 그렇지 못하다. 그저 여성이 집을 떠나 남편이 있는 집으로 달려가는 모습일 뿐이다.

이처럼 아무런 중요한 의미도 담고 있지 않은 듯해 보이는 평범한 단어들에서 여성에 대한 차별, 여성에 대한 철저한 무시를 엿볼 수 있다. 이렇게 여성에 대한 차별을 적나라하게 보여주는 언어에 담긴 속뜻을 들추어내는 작업은 여성운동가들로부터 비난을 받을 수도 있다. 다시 말해 별다른 차별을 의식하지 못한 채, 일상생활에서 빈번하게 사용되는 단어들에서 괜히 그런 모습을 들추어내는 것은 오히려 남성 우월 의식을 교묘하게 강요하려는 수작이 아니냐는 의심을 할 수 있다.

그러나 글을 쓰는 목적에서도 밝혔듯이, 우리가 별다른 의식 없이 사용하는 언어—다만 언어의 문제만은 아닐지라도 우리가 늘 접하고 사용하는 언어가 중요한 대상의 하나임에는 틀림없다—에 숨어 있는 여성의 차별상을 절감할 때, 비로소 여성운동이 나아갈 또 다른 방향을 모색할 수 있을 것이다.

옛날이나 지금이나 결혼이 성사되기 위해서는 그 중간에서 그들을 맺어주는 매파媒婆의 역할이 중요하게 작용했다.[14] 그런 역할을 하는 사람이 대부분 나이 많은 여자였기에, '파婆'의 쓰임은 자연스럽다. 그런데 그 앞에 쓰인 '매媒'를 보다 자세히 분석해볼 필요가 있다.

媒(중매 매)＝女(여자)＋某(아무개)

그런데 이때 '某'는 '謀(꾀할 모)'가 본형으로 모략, 모함, 도모, 무모, 역모 등의 쓰임에서 보듯이 말로 현혹해 일을 성취시킨다는 의미를 담고 있다. 즉 남자는 호락호락한 존재가 아니었던 까닭에, 공격의 대상을 여자로 정했다는 사실은 여자가 여자에게 적敵이 될 수도 있음을 보여준다.

<hr>

14) 현재의 결혼에 반드시 매파가 개입되는 것은 아니다. 하지만 모든 결혼이 연애로 이루어진다고 말할 수는 없다.

　　물론 이런 추측이 잘못된 것이기를 바라지만, 그러기에는 한 자어의 구성이 너무나도 편파적으로 여성의 우매한 속성들을 드러내고 있다.

# 3. 大와 小

이번에는 '큰 대大' 와 '작은 소小' 에 숨어 있는 의미와 그것과
연결시켜 단어를 이루는 한자어들을 살펴보도록 하자.

## ■ 큰 대大

일반적으로 이 글자는 사람(언제나 남자인가 여자인가 의문
이다)이 두 팔과 다리를 벌리고 서 있는 모습의 상형문자라고
한다. 머리, 손, 발을 모두 갖추고 있는 모습으로, 상형문자의
대표적인 예이기도 하다. 흔히 사람이 팔다리를 벌리고 자는 모
습을 가리켜 '큰 대 자로 누워 잔다' 고 말하는 것에서 이 글자의
어원을 유추해볼 수 있다.

그러나 이 글자와 대립되는 '작은 소小' 를 회의문자 계열로

보는 관점이 우세한 것처럼 이 글자 역시 회의문자로 볼 수 있다. 그렇다면 '大'는 어떤 기본 자형이 합해져 이루어진 것인가 하는 의문이 생긴다. 이에 대한 대답을 찾기 위해 '사람 인人'과의 관련성을 살펴보겠다. 어차피 '큰 대大'가 사람의 모습을 본뜬 것이라면, 사람과 땅(一)의 관계에서 그 어원을 찾는 작업에 별 무리가 없을 성싶다. 만약 이 글자에서 사람과 땅의 관계를 찾을 수 있다면, 우리가 앞에서 제기했던 성性에 대한 의문을 풀 수 있을지도 모른다.

'큰 대大'와 결합하여 같이 사용될 수 있는 말들, 그 중에서도 사람을 가리키는 단어들의 고찰을 통해 접근해보도록 하자.

대가大加[15]

대감大監

대공大公

대로大老[16]

대인大人

대형大兄

대도大盜

대목大木

대상大商

처음 세 단어는 오로지 남성의 전유물이었던 관직의 호칭들이고, 다음 세 단어도 남성이 그 대상이다. 나머지 세 단어 역시

[15] 고구려시대에 부족장(당연히 남자였다)을 칭했던 명칭.

[16] 세간에서 존경받는 노인. 흥선대원군의 존호로 사용됨.

과거의 여성이 도둑질이나 목수일, 그리고 장사에 관여했을 리는 없을 테니까 남성만의 직업 세계로 여겨진다.

이상에서처럼 '큰 대大'와 남성이 관련되어 있다면, 여성에 대한 남성의 우월감이 한자어에서는 어떻게 표현되고 있는가를 살펴보자. '큰 대大'와 유사한 형태를 띤 한자어에 '하늘 천天'과 '지아비 부夫'가 있다.

'하늘 천天'의 가장 도식적인 해석은 '大'와 '一'의 결합으로 보는 것이다. 앞에서 행한 해석들 중 어느 것을 받아들이든지 '大'는 사람의 형태를 본뜬 것이고, '一'은 사람의 머리 위에 넓고 광활하게 펼쳐진 그 무엇을 본뜬 모양이다. 이렇게 되면, '하늘 천天'은 사람과 관련되어 있음을 부정할 수 없고, 좀더 자세히 말하면 남성과의 관련성을 지워버릴 수 없는 문자가 된다.

'지아비 부夫'에 대한 해석으로는 두 가지 방법이 일반화되어 있다. 하나는 '큰 대大'와 '한 일一'의 관계로, 이때 '一'은 갓을 상징하고 있다는 시각이다. 곧 남자를 의미한다. 남자는 상투를 틀고 갓을 씀으로써 비로소 사내의 몫을 할 수 있게 된다는 의미를 담고 있다. 반면에 또 다른 해석에선 혼인과의 관계를 강조하고 있다. 즉, 결혼을 위해서는 두 사람이 필요하므로 두(二) 사람(人)이 결합된 모습이 '夫'라는 것이다.

이 두 가지 해석 중 어느 것을 택하더라도 여성에 대한 비하가 담겨 있다. 우선 첫번째 해석을 보자. 상투를 틀고 갓을 쓸 수 있는 존재는 땅보다 큰 존재, 즉 남자뿐이라는 것이다. 그런데 갓은 사람의 머리 위에 쓰는 것이므로 '지아비 夫'의 모습은 그

17) 아내가 남편을 일컫는 말로 소천所天이 있음을 생각해보자.

것과 어울리지 않는다. 오히려 '하늘 천天'이 그런 모습에 더욱 가까우므로 'ー'은 갓이 아니다.[17]

만일 '하늘 같은 남편'이란 의미를 덧붙여보면 '하늘 천天'의 구성 요소인 'ー'은 갓의 상징으로 받아들여진다. 갓을 쓴 남자는 누군가의 지아비임에 틀림없다. 그는 누군가에게 하늘보다 높은 소중한 존재, 즉 '夫'였을 것이다. 이런 해석에 분노하는 여성이 있다면 두번째 해석에 여성의 아이덴티티 상실을 발견하고 더욱 분노하게 될 것이다.

'지아비 부夫'는 '두(二) 사람(人)'이 결합된 모습이라고 했다. 분명 결혼하기 위해서는 두 사람이 필요하다. 그런데 왜 남자와 여자의 결합이 남자인 '지아비 부夫' 속에 모두 용해되어 버렸는가? 여기에서 여자의 모습은 도대체 어디로 갔는지 그 흔적조차 찾기 어렵다. 여성은 자신의 모습을 그 글자 어디에도 남겨두지 못했다. 앞서 말한 대로 아이덴티티의 상실이다. 이런 현상이 의미하는 바는 바로 지아비에 의해 여성이 정의된다는 것이다. 즉 언어에서 여성은 자신의 목소리도 갖거나 스스로 정의되지도 못하는 정체성 없는 존재로 나타난다.

### ■ 작은 소小

'작다'의 개념은 우선 예쁘고 귀여운 느낌과 더불어 다루기 좋고 언제나 접근할 수 있는 어떤 대상을 떠올리게 한다.[18]

특히 '어릴 少'가 아닌 '작은 小'의 경우에서는 더욱 그렇다. 다른 한편으로는 남성적이지 못한 행동이나 처신을 지적할 때

18) 바로 여성의 모습을 대표하는 특징이라 할 수 있다.

도 '작다'의 개념과 연결시킨다. '소심小心한 사람'은 남자답지 못한 남성을 일컬을 때 사용한다. 이것은 남자는 당연히 대범한 인간이어야 한다는 절대 명제가 우리들의 머릿속에 도식적으로 심어놓은 고정관념이라 할 수 있다. 이렇게 언어에서 나타나는 여성의 차별상을 말하는 것도 어느 것 못지않게 중요한 일이지만, 여기에서는 낱말을 중심으로 나타나는 여성의 차별상을 살펴보려는 본래의 목적에 충실하여 '작은 小'로 이루어지는 낱말을 바탕으로 남성과 여성이 언어에서 어떤 대우를 받고 있는지 알아보기로 하자.

| 남성 | 여성 | 중성 |
| --- | --- | --- |
| ★ | 소녀小女[19] | |
| ★ | 소낭小娘 | |
| ★ | 소매小妹 | |
| | | 소생小生 |
| | | 소아小兒 |
| | | 소인小人 |
| | | 소자小子 |

19) 少女가 아니라 小女임에 유의할 것.

  우리는 충분히 소녀小女에 대립되는 소년少年, 소낭小娘에 대립되는 소랑小郎, 소매小妹에 대립되는 소제小弟를 기대해볼 수 있지만 어린 남성을 그렇게 표현하는 단어는 존재하지 않는다. 오히려 그런 단어 모두를 소아小兒로 대신하고 있다. 그런데 위의 도표에서 볼 수 있듯이, '작은 小'를 포함하는 인칭 명사를 남성의 경우에서는 전혀 찾아볼 수 없으며, 있다 하더라도 그런 표현들은 모두 중성적 개념으로 표현되고 있다.

이런 표현들이 모두 상대에 비해 자신을 겸손하게 낮출 때 사용된다는 사실과 남성과 여성을 모두 대신할 수 있는 중성적 표현을 남성만이 사용하고 있음을 유의해본다면, 여기에서 여성의 정체성이 상실되고 있음을 발견할 수 있을 것이다. 심지어 여성은 '큰 대大'는 고사하고 그들의 특징이라 할 수 있는 '작은 소小'에서마저도 그들 본연의 모습을 상실하고 있다.

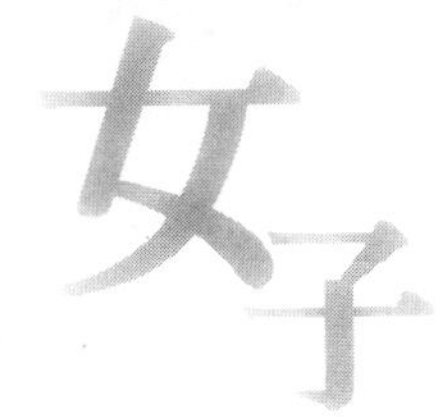

## 4. 外와 內

우리는 부부를 내외간이라 표현하기도 한다. 쉽게 말하면 안과 밖, 즉 안사람과 바깥사람이라는 의미가 된다. 실제로 '바깥 외外' 가 '저녁 석夕' 부수로 저녁 늦게까지 열심히 일하고 돌아오는 남자의 모습을 의미한다면, '안 내內' 는 '울타리〔冂〕' 안에 들어가 있는 사람으로, 가정을 지키는 여자의 모습이라 하겠다.

그런데 '저녁' 의 옛말이 지금의 '나중' 이라는 의미를 지니는 '나죄' 였다는 사실은 상당히 흥미롭다. 이때 '나죄' 는 석양을 나타내는 말인 동시에 시간이 흘러간 뒤를 의미하는데, 후자의 뜻만으로 좁혀 사용하고자 할 경우 '나죄' 가 '나종' 으로 변형되고 이것이 다시 오늘날의 '나중' 으로 바뀌어 정착하게 되었다.

이렇게 되면 남편을 가리키는 '외外' 는 앞에서 지적한 바와

女子

같이 바깥사람인 동시에 나중에 생각되는 사람이다. 지금까지 살펴본 바에 의하면 남편은 아내에게 하늘과도 같은 존재였는데, 外의 해석에서 그 지위를 잃고 이차적인 고려 대상으로 전락하였다. 그러나 또 다른 해석이 가능하다. 즉 남편을 가리키는 '외外'를 우리가 어려서부터 들어온 '여자는 시집가기 전에는 부모를 따르고, 시집가서는 남편을 따르며, 늙어서는 자식을 따른다'는 삼종지도三從之道에 빗대어보면 남편은 '여성이 성인이 되어 부모 곁을 떠나 의지하는 존재'로 해석된다. 지금까지 우리가 살펴본 것처럼 언어 속에서 남성은 중요하고 귀한 존재로 나타나므로 이런 해석이 좀더 타당성을 획득할 수 있다.

어쨌든 '외外'에 대한 이러한 해석은 언어 속에 여성 차별이 잠재되어 있다는 지금까지의 주장을 뒷받침해주는 일례다.

그렇다면 다음과 같은 단어들의 뜻을 헤아려보자.

외가外家

외척外戚

외입外入

외방外房[20]

외가와 어머니의 친척들은 나와 성姓을 같이 하거나 나와 같이 모여 사는 사람들에 비해 이차적인 고려의 대상이다. 또한 본처 쪽에서 첩이 기거하는 곳은 남편이 그저 흥미로 드나드는 방 정도이며, 남편의 외입 역시 욕정의 발산 정도로 여겨진다.

---

20) 첩의 방이라는 뜻이다.

어떤 의미에서 '바깥 외外'가 남편의 존재를 아들의 존재에 의해 가려지도록 만들고는 있지만, 그 어휘와 결합되어 쓰이는 낱말들에서 여성과 관련된 것들은 이차적인 것으로 해석된다.

'안[內]'는 비밀스러움과 보이지 않는 것을 의미한다. 그래서인지 아내가 남편이 하는 일을 도와주는 내조內助는 겉으로 드러나지 않도록 행해져야 하며, 여자가 거처하는 방도 내실內室이나 내당內堂이라 일컬어 타인의 출입을 제한했다. 그런데 '안[內]'과 관련하여 흥미로운 것 하나는 남에게 자기 아내를 칭할 때 사용하는 내자(內者가 아닌 內子)라는 낱말이다. 왜 일반적으로 성인을 칭하는 데 사용되는 '놈 자者'가 아닌[21] 아들을 의미하는 '아들 자子'를 사용하고 있을까?[22] 이제 다시 한번 여성해방론적 관점에서 언어를 바라보고, 그것의 변형을 통한 여성의 정체성 획득 방법을 제시해보자.

우리는 여자를 한자어로 표현할 때도 '아들 자子'를 이용하여 '여자女子'라 쓴다. 이는 '내자內子'의 경우와 다른 것이 아니다. 뒤에서 다시 언급하겠지만 한자어에서도 사람은 곧 남자를 의미하고, 여자는 사람 속에서 함께 쓰이지 못했다. 다시 말해서 여자는 '~한 사람'일 뿐이다. 영어에서 우리는 그런 흔적들을 지치도록 많이 보아왔다.

$$woman(여자) = womb(자궁) + man(사람)$$

이처럼 여자는 무릎을 조아리고 두 손 모아 기도하는 사람이

21) 원래 '자者'는 남성을 가리키는 '놈'을 뜻하는 단어였다.

22) 다행스럽게 여인을 뜻하는 단어로 '내인內人'이 사용되기도 했다.

고, 내자는 집안에서 기거하는 사람으로 정의된다. 그렇다면 남자男子도 이와 동일한 시각에서 해석할 수 있지 않을까? 그것은 '子'나 '耆' 자체로 남성을 의미할 수 있다는 사실을 간과했을 때나 가능하다. 따라서 남자男子란 밭에서 땀 흘리며 일해야 하는 천형을 받은 존재가 되는데, 이것은 원래 남성의 모습과 차이가 있다.

그러나 진정한 여성해방을 위해서는 이런 사실을 간과해서는 안 된다. 여자女子의 대립어가 남자男子이듯, '子'는 아들만을 의미하는 것이 아니라 '사람'을 의미하는 글자로 그 의미를 확장해야 한다. '子'가 의미하는 바가 아들이라는 한정적 의미가 아니라 인간 전체를 나타낼 때, 앞서 단지 아이를 배는 것이 아들을 가지는 것이라는 의미를 지녔던 '아이 밸 잉孕'에 대한 해석은 달라질 것이다.

$$孕(\text{아이 밸 잉}) = 乃(\sim\text{이 되다}) + 子(\text{사람})$$

이제는 아이를 가져도 반드시 아들일 필요가 없으며, 아들일 수도 있고 딸일 수도 있다는 넓은 의미로 해석할 수 있다.

# 5. 氏와 孃

직책을 가지지 못한 남성이나 여성을 칭할 때, 가장 보편적으로 사용되는 표현이 바로 '아무개 씨氏' '아무개 양孃'일 것이다. 바꿔 말하자면 '아무개 씨' 하면 남성이 연상되고, '아무개 양' 하면 여성이 연상된다. 더불어 연하의 남자를 칭할 때에는 '아무개 군君'이란 호칭이 사용되기도 한다. 물론 전혀 친분관계가 없을 경우, 예를 들어 동사무소에 주민등록등본을 발부받으러 갔을 때, 동사무소 직원은 그 당사자가 남자든 여자든 간에 '~씨'라 호칭한다.

그런데 우리에게 '씨氏' 하면 먼저 남성이 떠오르는 이유는 무엇일까? 반면에 '~양孃'은 여성이고, '~군君'은 젊은 남성을 가리키는 이유는 무엇일까? 여기에서 우리는 이런 의문을 풀어보기 위해 氏, 君, 孃에 내재된 의미를 하나씩 고찰해볼 것이다.

### ■ 각시 씨氏

일반적인 관념과는 달리 원래 '씨氏'는 여자를 의미하는 것이 었다. '씨氏'는 땅속의 굽은 나무 뿌리가 지상으로 조금 나온 형태를 형상화한 상형문자라고 한다. 종족의 뿌리를 의미한다는 점에서 '성씨'를 뜻하기도 한다. 그러므로 성姓은 결국 여성에 의해서 태어나는 자손들이 계속 대를 이어나감을 뜻한다고 할 수 있다.

$$姓(성 성) = 女(여자) + 生(창조)$$

성姓은 여자에게서 태어난 사람들을 의미한다. 또한 '백성 민民'에 대한 두 가지 분석에서도 여자[女]는 그 언어 속에 포함되어 있음을 알 수 있다. 일반적으로 통용되는 '백성 민民'에 대한 분석은 다음과 같다.

$$民(백성 민) = 女(여자) + 一(태어난 아이)$$

즉, 여성이 자식을 낳아 다수가 된다는 의미로서의 백성이다.

$$民(백성 민) = 氏(종족) + 一(태어난 아이)$$

또 하나의 분석에서는 위와 같이 씨족이 늘어나서 이들이 중인衆人이 되고 백성百姓이 되는 개념이다.

이 둘 중 어느 해석을 받아들이든지 씨氏와 성姓, 그리고 민民은 '생산'에 초점이 맞춰져 있다. 즉 여성은 생산을 위한 존재, 씨氏의 존속을 위해서 자손을 낳아야 할 존재로 해석될 수 있다.

성姓이란 한자어에 '계집 女'가 포함된 것을 가지고 모계사회의 가능성을 역설하는 이들도 있지만, 성姓의 계승이 곧 남성 중심적 사회를 반영한다는 사실을 감안할 때, 그런 주장은 설득력을 갖지 못한다.

우리말 소리가 같은 '성품 성姓'을 살펴보자.

$$性(성품\ 성) = 人(사람) + 生(창조)$$

각자의 성품은 자신이 만들어가는 것이듯, 성姓은 계승할 사람인 여자가 만든다. 다시 말해서 여자는 종족 계승을 위해 온몸을 바쳐 헌신해야 하는 방편이라는 것이다.

그런데 왜 '박씨' '김씨' 하면 남성이 연상될까? 앞에서 우리는 '~씨'가 존칭 접미사임을 살펴보았다. 다시 말해서 존칭의 의미를 지닌 낱말과 함께 할 수 있는 성적性的 존재는 필연적으로 남성이라는 잠재의식이 우리의 머릿속에 들어 있는 것이라고 할 수 있다. 이런 측면에서 회사나 여러 사회 조직에서 이제 여성을 칭함에 있어, '미스 김'이 아니라 '김ㅇㅇ 씨'로 변해가는 현상은 조직 차원의 변화가 아닌, 전 사회로 확산되도록 노력할 필요가 있다. 이런 작은 변화에서부터 우리는 여성의 존엄

성을 되찾는 방안을 기대해볼 수 있으리라.

### ■ 계집 양孃과 임금 군君

앞서 언급했듯이, '아무개 양' 하면 필연적으로 여성일 수밖에 없으며, 그에 대응하여 '아무개 군' 하면 남성을 가리키는 호칭이 된다. 일반적으로 '~씨' 하면 존칭의 의미를 담고 있는 반면, '~양'이나 '~군'이라 함은 손윗사람이 손아랫사람을 칭하는 경우로 여겨진다. 다시 말해서 '~씨'는 존칭 접미사인 데 반하여, '~군'이나 '~양'은 친근함을 표현하는 의존 접미사라 할 수 있다. 이제 '~양'과 '~군'에 담긴 의미를 살펴보자.

$$君(임금\ 군) = 尹(다스림) + 口(호령)$$

이런 한자의 구성에서 볼 수 있듯이, '군'은 대권을 장악하여 천하를 호령하고 다스리는 사람을 가리킨다. 따라서 남자의 이름 뒤에 '~군'이라 칭하는 것은 그의 장래에 대한 기대를 지닌 표현이 된다. 달리 말하면, 장래에 큰일을 해낼 무한한 가능성을 지닌 인물로 대접해주는 것이다.

이와는 달리 '~양'은 여성에게 주어진 족쇄를 그대로 보여주는 단어다.

$$孃(계집\ 양) = 女(여자) + 襄(주머니)$$

결국 '~양'은 주머니(자궁)를 달고 다니는 여자다. 앞서 언급한 영어의 woman에 그대로 대응될 수 있는 단어 구조다. 시집도 가지 않은 처녀를 이런 식으로 표현하는 의도는 불순하기 짝이 없다. 이 단어 속엔 여성의 운명마저도 성적인 것과 연관시켜 족쇄를 채우려는 속셈이 담겨 있다.

다시 말해서 아직 배우자를 찾지 못한 여성, 그리고 당당하게 홀로 서고자 하는 여성에게 '~양'이라 칭하는 것은 그들에게 여성으로서의 의무가 무엇인가를 숙고해보도록 은근히 강요하는 또 다른 억압이다. 그러므로 여성에게 '~양'이 아닌 '~씨'라 호칭하는 것이 어떤 의미를 지니는가 다시 한번 생각해보아야 한다.

## 6. 人과 儿

'큰 대大'는 사람을 정면에서 바라본 모습인 반면, '사람 인
人'은 사람의 옆모습을 형상화한 상형문자다. 이때 본뜬 대상이
남자인가 아니면 여자인가 하는 의문이 생긴다. 도대체 이런 의
문이 무슨 가치가 있느냐고 반문할 수도 있다. 하지만 이른바
'人'을 부수로 하여 이루어지는 한자들과 '사람 인人'과 함께
만들어지는 많은 낱말들이 남성과 여성의 모습을 어떻게 나타
내느냐의 문제로까지 확대해본다면 그것은 결코 간단히 넘길
문제가 아님을 알 수 있으리라.

어떤 사람들은 '사람 인人'의 형태가 남녀가 서로 기대고 서
있는 모습이라고 주장하기도 한다. 그렇다면 '사람 인人'의 모
습이나 그와 같은 내용으로 쓰이는 '人' 부수에 기대고 있는 사

람은 누구이며, 지탱해주고 있는 사람은 누구인지 궁금해진다. 언어에 나타나는 남녀의 모습을 정확하게 파악하기 위해선 작은 의문들도 간과해선 안 된다.

이런 의문을 풀기 위해 '부창부수夫唱婦隨'라는 성어의 구조를 살펴볼 필요가 있다. 글자 하나하나를 분석할 것도 없이, '남편이 부르면 아내는 이에 따르는 것이 부부 화합의 도道'임을 의미한다. 그렇다면 '사람 인人'에서 기대고 있는 사람이 남성이고, 밑에서 지탱해주는 사람은 바로 여성이 아닐까 싶다. '민며느리'에서 '민'이 '밑'의 의미와 같다는 점과 연결해볼 때, 이런 해석을 단지 견강부회라고 치부해버릴 수는 없을 것이다. 또한 우리가 알고 있는 다른 성어인 '남부여대男負女戴', 즉 '사내는 지고 여자는 이고 가는 모습'에서 우리는 '밑'이라는 여성의 위치를 재확인할 수 있다.

이제 '사람 인人'을 부수로 하여 이루어진 한자를 살펴보도록 하자. 남성과 여성 어느 한쪽이 아닌 인간을 의미하는 단어에는 '어질 인仁'이 있다.

仁(어질 인)＝人(사람)＋二(둘)

두 사람이 사이 좋게 지내는 것을 의미한다. 그러나 한편으로는 어진 마음을 베풀려면 대상이 되는 사람이 있어야 한다는 것을 의미할 수 있다. 그러면 이때 어진 마음을 베푸는 주체는 누구인가. 이 문제는 뒤에서 다시 논의하기로 하자.

두번째로 연상되는 한자에는 '짝 려侶' 가 있다.

$$侶(짝\ 려) = 人(사람) + 呂(한\ 쌍)\ [23]$$

한 쌍의 사람, 즉 부부를 가리킨다. 이처럼 부부가 집안에 함께 있는 모습을 가리키는 '宮(집궁) = 宀(지붕) + 呂(한 쌍)' 은 궁궐같이 크고 화려한 집을 의미한다.

이제 본질적인 의문을 제기하는 한자가 등장한다. 바로 '려 侶' 와 같은 의미를 지닌 '짝 우偶' 다.

$$偶(짝\ 우) = 人(사람) + 禺(어리석은\ 원숭이)$$

쉽게 말하면, 어리석은 원숭이 같은 사람이다. 이런 점에서 '우인偶人' 은 '허수아비' 를 뜻한다. 또한 '우수偶數' 가 '짝수' 를 가리키는 것은 무엇인가 하나를 더해서 짝을 맞추게 된다는 개념과도 연결된다. 그럼 이때 어리석은 쪽은 남성인가 아니면 여성인가? 이것은 앞의 '어질 仁' 에서 어진 마음을 베푸는 주체와도 관련된다.

이런 의문에 대한 대답을 '사람 人' 을 부수로 이용한 문자들에서 찾아보도록 하자.

우선 백중伯仲이라 함은 오로지 맏형과 둘째 형만을 의미할 뿐이고, 첫째 누나와 둘째 누나를 뜻할 수는 없다.

伯(맏 백) = 人(사람) + 白(희다)

仲(버금 중) = 人(사람) + 中(가운데)

즉 '伯'은 여러 사람들 중에서 흰머리를 가졌으니 맏이가 되고, '仲'은 형제들 중에서 가운데 태어난 사람을 의미하는 것으로 남자가 그 대상이다.

또한 3대 성인 중의 한 분인 부처님을 나타내는 한자 역시 '사람 人'을 부수로 쓰고 있다.

佛(부처 불) = 人(사람) + 弗(보이지 않는다)

위의 의미처럼 부처는 보이지 않는 존재로 표현되나 남성이었고, 절의 대웅전에서 볼 수 있는 부처의 형상 역시 백이면 백 모두 남성의 모습이다.

여러 사람의 어른을 의미하는 백부장佰父長 역시 남자다.

佰(일백 백) = 人(사람) + 百(일백)

의협심을 발휘하여 여성을 보호해야 하는 기사 역시 남자다.

俠(협기 협) = 人(사람) + 大(큰) + 人(사람) + 人(사람)

女子

위의 형상은 큰 사람이 약한 사람들을 감싸 안고 보호하는 모습이다. 이때 큰 사람은 남성을 의미한다.

뛰어난 영웅호걸로서 커다란 도량과 드높은 기상을 보여주는 사람도 남성이다.

傑(뛰어날 걸) = 人(사람) + 桀(사나움)

반면에 여성에게는 아름다움이 첫째 가는 조건으로 내세워지고,

佳(아름다울 가) = 人(사람) + 圭(모남)

아름다운 여성은 거만해서인지 가만히 앉아 있기를 좋아하고, 행실도 부드럽지 않아 남과 잘 어울리지 못하며,

倨(거만할 거) = 人(사람) + 居(비스듬히 누워 있음)

여성에게 아름다움에 덧붙여 요구되는 것은 어여쁜 행동으로 남자의 간장을 녹일 수 있는 교태다.

佼(예쁠 교) = 人(사람) + 交(화합)

남자와 여자에 대한 한자의 쓰임새가 이렇게 정리될 수 있다면, 앞에서 제기했던 질문에 대한 해답이 찾아진다. 그러나 좀 더 분명한 확신을 얻기 위해서 구체적인 예를 찾아보도록 하자. 이 세상에서 가장 소중한 존재는 누구인가? 이런 질문에 대한 솔직한 대답은 바로 '나'라고 할 수 있다. 그런데 '나 여余'와 '너 여汝'를 살펴보면 한자어의 여성 차별상은 좀더 분명해진다. 가부장적 사회에서 남성의 관점을 통해 본 여성은 언제나 이차적이고 부수적인 존재였다. '나 여余'와 '너 여汝'의 구조를 들여다보면 여성을 나타내는 '계집 녀女'의 쓰임을 알 수 있다. 즉, 가장 중요한 존재인 '나' 다음에 고려될 수 있는 존재가 '너'라는 사실과 '너 여汝'에 '계집 녀女'가 들어 있음은 우연이 아닌 듯싶다.

반면에 '나'는 집안의 기둥이자 식솔들을 거느리고 이끌어가야 할 가장이다.

$$余(\text{나 여}) = 人(\text{사람}) + 禾(\text{집})$$

'사람 人'은 남자와 여자를 모두 나타낼 수 있는 부수임에 틀림없지만, 남성은 늠름하고 활기찬 모습으로 그려져 있고, 여성은 누군가에게 의존해야 하는 존재이기에 주체가 아닌 이차적 존재로서 그려진 것이다. 이것을 입증해주는 한자를 하나 더 제시하고 다음 문제로 넘어가보자.

女子

과거 일본과의 역사적 관계로 인해 우리는 일본 사람을 칭할 때 '왜놈'이란 표현을 쓰는 경우가 있다. 자신과 적대적인 관계에 있는 상대를 나쁘게 표현하는 건 인지상정이지만, 그런 심정을 노골적으로 드러내선 곤란하기에 에둘러 표현하게 마련이다. 일본 사람들을 경멸하여 표현할 때 사용되는 '왜놈' 역시 그 대상이 사람이기에 '사람 人' 부수로 이루어져 있다. 그런데 그 한자의 구성에 '계집 女'가 숨어 있다는 사실은 어떻게 설명해야 할까?

倭(왜국 왜) = 人(사람) + 禾(벼) + 女(여자)

쌀가마를 짊어진 계집처럼 불쌍한 인간들이란 뜻으로 해석할 수 있다. 혹은 변방에 몰래 숨어들어 쌀가마를 훔쳐 가는 모습이 꼭 바람난 계집이 웅크리고 앉아 있는 것처럼 느껴졌을까? 일본이란 나라를 낮춰 부르고자 했을 때, 굳이 '계집 女'를 가지고 만든 의도는 무엇일까?

이제 '사람'을 표현하는 또 다른 방법을 살펴보자. 한자의 구성에는 '사람'을 표현함에 있어, 앞에서 살펴본 '人'과 '儿'이외에도 '亻'란 부수를 지닌다. 이것은 걸어가는 사람의 두 다리를 옆에서 본 모습이다. 이런 형태의 부수로 이루어진 한자가 남자와 여자를 어떤 모습으로 형상화하고 있는지 살펴봄으로써 여성이 얼마나 억압받아왔고, 그에 반하여 남성은 얼마나 우월적 존재로 인식돼왔는가를 알 수 있다.

한자의 이런 분석을 통해 여성들이 어린 시절부터 받아온 한자 교육에서 조금씩 누적될 수밖에 없는 정신적 열등감을 조금이라도 덜 수 있도록, 언어에 나타나는 여성의 차별상을 적극적으로 인식하는 데 도움이 되기를 바란다.

'儿'의 형태로 출발한 한자어 중에서 가장 먼저 떠오르는 것이 바로 '으뜸 元'이다. 일반적인 분석에 따르면,

元(으뜸 원) = 一(으뜸) + 兀(우뚝 솟은 사람)

'으뜸 元'은 가장 특출난 사람을 의미한다. 과거 우리 여성들이 처했던 상황을 고려해보면 이런 분석엔 여성이 들어설 자리가 없다.[24]

따라서 '儿'이 사람이 걸어가는 모습이라면, '으뜸 원元'의 해석은 반드시 과거의 그것에 얽매여 있을 필요가 없기에 다음과 같은 해석이 가능하다.

元(으뜸 원) = 二(두 사람) + 儿(걷는 모습)

다시 말해서, 두 사람의 남녀가 나란히 다정하게 걸어가며 장래를 약속하는 모습이라고 해석해보면 남자와 여자는 동등한 입장에 설 수 있지 않은가. 문제는 그런 모습이 어째서 '으뜸'인

24) 즉 원元은 남男의 처음, 즉 남자를 상징하는 양陽의 시작인 반면에, 여女의 시작을 의미하는 시始는 음陰의 시작으로 여기는 것이 일반적인 한자 분석이다.

가 하는 점일 것이다. 이런 의문에 대한 해석은 최초의 인간 아담과 하와를, 아니면 우리 조상 단군과 웅녀를, 아니면 씨족의 시조와 그 아내를 두 사람의 당사자였다고 보면 충분하리라 생각된다. 바로 이런 해석이 하나의 이론으로 정착될 때, 여성의 아이덴티티가 보장될 수 있는 어원 연구가 가능할 것이다. 그러나 모든 한자 분석에 이런 다행스런 대안이 있는 것은 아니다.

남자라는 존재에 대한 정의를 '儿'을 중심으로 한 한자를 통해 살펴보면 집안을 대신하여 모든 일을 처리하기 위해 입으로 명령을 내릴 수밖에 없는 兄(형)이거나,

$$兄(맏 형) = 口(입) + 儿(사람)$$

만인을 위하여 불을 비춰주는 사람이어야 하며,

$$光(빛 광) = 火(불) + 儿(사람)$$

그런 사람들이 열 명만 모이면 모든 것을 이겨나갈 수 있으며,

$$克(이길 극) = 十(열) + 口(입) + 儿(사람)$$

모든 구성원들을 대신해 신에게 기원하는 축사를 읽어줄 존재여야 한다.

祝(빌 축) = 示(신) + 口(입) + 儿(사람)

그렇게 함으로써 가정을 완전무결하게 다스릴 수 있으니,

完(완전할 완) + 宀(집) + 元(으뜸가는 사람)

그런 책임을 맡도록 길러진 사람에게는 모든 것이 충족될 수밖에 없다.

充(가득할 충) = 云(기르다) + 儿(사람)

이처럼 남자에게는 막중한 책임이 주어지지만, 그에 따른 축복과 대가도 함께 부여된다. 이런 한자의 해석으로부터 과거에 집안의 제사권을 장자에게 물려주고 거의 모든 재산을 상속해주었던 이유를 이해할 수 있다. 여자에게 호주권을 인정해달라고 주장하는 현 시점에서, 그런 주장의 선봉에 선 여성학자들이 단지 재산이나 경제적 이득만을 목표로 하지 않고 위에서 살펴본 책임까지도 떠맡을 각오를 구체적으로 보여줘야 한다. 결국 문제는 그런 염려를 불식시킬 수 있도록 여성의 진실된 모습을 보여주는 것이리라.

# 4장
# 속담과 민요 속의 여성

3장에서 살펴본 한자어의 구성이 양반, 즉 상류층의 언어 세계 속에 나타난 여성의 대한 의식이었다면 이번에 살펴볼 속담과 민요는 대다수 민중의 의식에 비친 여성관이라 할 수 있다. 그렇다고 해서 한자어가 상위 언어이고, 속담과 민요를 구성하는 우리말이 하위 언어라는 것은 아니다. 다만 역사 속에서 한자 사용은 상류층에 한정되었고, 한글은 민중의 의사 소통 수단이었기 때문이다.

따라서 실생활에서 사용한 언어가 과거 우리 민중 속에서 살아 숨쉬던 것이었기에 언어 속에 담겨 있는 여성상에 대한 연구 대상으로선 우리말이 한자보다 우위에 있다고 여겨진다. 그러므로 언어 속에 나타난 과거 여성의 모습을 찾아내기엔 속담과 민요가 더 타당한 방편이리라.

  그럼 우리가 자료로 사용하고자 하는 속담과 민요는 어떤 특징들을 지니는가를 먼저 살펴보자.[1)]

  첫째, 속담과 민요는 한 집단의 소산이므로 사회성과 역사성을 띠고 있다. 그렇기에 속담과 민요에 있어서 누가 처음 만들었는가 하는 문제는 별로 중요하지 않다. 누군가 만들어낸 말이나 노래가 주위 사람들, 즉 집단의 공감을 얻어 그들의 감정과 경험을 표현하여 결국 사회적 성격을 얻는 것이다. 또한 속담과 민요는 전파 매체를 타는 현대의 가요처럼 단시일 내에 퍼지는 것이 아니다. 그것은 우리가 조상으로부터 물려받은 지식과 감각의 유산이다. 즉 집단의 공감에 의해 생명력을 얻고 그 속에서 성장하므로 역사성을 획득하게 된다.

  둘째, 속담과 민요는 집단의 지혜 혹은 의식 구조를 바탕으로 이루어진다.

> 시집살이 못 하면 동네 개도 업신여긴다.
> 귀머거리 삼 년, 벙어리 삼 년, 장님 삼 년.
> 색시 그루는 다홍치마 적에 앉혀야 한다.

위와 같은 속담들은 전통적인 가정 내에서 입이 있어도 할말을 다 못하고, 들어도 그저 못 들은 체하며 전통의 굴레 속에서 젊은 시절을 나무 인형처럼 보낼 수밖에 없었던 시집살이의 지난함을 여실히 보여준다.

이처럼 속담과 민요는 오랜 경험에서 우러나온 간결한 말로 그 시대의 생활과 교훈을 표현함으로써, 집단 의식 구조의 심층에 자리잡아 지금까지 전해 내려온 것이다. 따라서 속담과 민요는 민중의 삶과 의식이 응결된 민중 의식의 반영이라 할 수 있다.

셋째, 비유의 형식을 갖는 속담과 민요에는 모든 사람이 공감할 수 있는 보편성이 담보되어야 한다. 즉 속담이나 민요는 말하려는 바를 직접적인 방법보다는 우회적으로 빗대어 말하는 형식을 취한다.

찔리야 꽃은 장개가고
석류야 꽃은 상객가네
만 인간아, 웃지 마라
씨종자 바래 간다.[2]

2) 박갑수, 『사라진 말 살아
남는 말』, 1979, 서래헌.

위의 민요는 단순히 꽃을 묘사한 것이 아니다. 여기에서 '찔리야 꽃'은 백발 노인을 비유하고, '석류야 꽃'은 붉은빛으로 홍안의 소년을 비유한 것이다. 결국 백발 노인이 어린 소년을 상객으로 하여 장가가는 이유는 '씨종자, 즉 대代를 잇기 위해서'인 것이다. 따라서 이 민요는 전통적인 유교 사회의 모습을 단적으로 보여준다.

이처럼 속담이나 민요는 직선적인 표현보다는 우회적인 비유를 통한 풍자로 사람들에게 감동을 일으킨다.

또한 속담이나 민요는 구전되는 과정에서 음율적 성격이 가미되어 간결한 문체로 이루어지는 특징을 갖는다. 민요가 음율을 갖는 것은 당연한 일이지만, 속담은 상황마다 적절하게 적용되어야 하므로 간결성과 음율성이 동시에 요구된다. 또한 좀더 용이한 구전을 위해 까다로운 말이나 발음하기 불편한 말들은 최대한 피할 수밖에 없었다는 점도 속담과 민요의 음율성에 한 몫했을 것이다.

이상에서 살펴보았듯이, 속담과 민요는 우리 조상으로부터 물려받은 정신적 유산이며 교훈이다. 또한 집단 의식 속에서 태어나 집단 속에서 생명을 유지해왔기 때문에, 속담과 민요는 우리 조상의 경험인 동시에 그들이 겪은 사회의 반영이라 할 수 있다. 즉, 그들은 우리의 과거를 비춰주는 거울인 것이다. 이런 점에서 여성의 모습이 어떻게 언어에 비춰지는가를 살피는 데 있어 속담과 민요를 빠뜨린다는 것은 완전한 접근이라 할 수 없다.

이제 우리는 속담과 민요에 나타나는 여성의 모습을 주제별로 살펴볼 것이다. 어떤 면에서 이런 고찰에는 마치 여성의 모습을 지나치게 비하하려는 의도가 담긴 것처럼 보일 수도 있다. 그러나 속담과 민요 속에 그려진 여성의 모습은 여성의 본모습이라기보다 여성의 모습을 왜곡시킨 차별상을 나타낸 것이므로 편견 없이 직시할 필요가 있다.

일단 우리는 속담과 민요가 비유적 성격을 띤다는 점에 주목할 것이다. 즉, 어떤 상황을 직설적으로 말하기 어려워 비유적으로 에둘러 여성을 빗댄 속담이나 민요에 중점을 두어 살필 것이다. 예를 들어 일이 서툰 사람을 '뜰기 어멈 같다'고 하거나 지나치게 야박한 사람을 '여닫 어멈 같다'고 빗대어 말하는데, 왜 하필 그 비유의 대상이 여성이어야 하느냐는 의문 제기에서 시작해보아야 할 것이다.

한편 여성이 거쳐야 했던 단계들, 즉 딸에서 며느리로, 며느리에서 시어머니로, 혹은 과부로서 어떤 의무를 다해야 했던가를 살펴볼 것이다. 속담이나 민요가 민중 의식의 반영이라면 그 속에 나타나는 여성의 모습은 곧 여성이 겪어야 했던 경험의 세계, 아울러 당대의 모습까지 함축하고 있다고 할 수 있다.

오랜 세월 우리와 함께 하고 불린 속담과 민요 속에서 여성의 모습을 살펴보는 것은 언어와 현실의 관계, 그리고 언어가 정신 세계에 미치는 영향 등을 생각할 수 있는 자극제가 될 것이다.

# 1. 여자로서의 처신

속담과 민요가 그것이 쓰이고 불리던 당시의 민중 의식을 거울처럼 비춰주는 언어 매체라면 그것을 통해 당시의 여성상과 여성관을 밝혀볼 수 있을 것이다. 우선 단지 여자이기 때문에 가해진 행동의 제약과 속박의 굴레에 대해 살펴보기로 하자.

여자는 태어나는 순간부터 축복의 대상이 되지 못했다. '딸은 두 번 서운하다'는 말처럼 해산할 때 섭섭해서 울고, 키워서는 시집보낼 때 또 한번 섭섭해서 울게 하는 것이 딸이다. 그렇기에 딸을 낳았을 때 '순산하였으니 다행이다'는 말이 생겼는가 하면 '첫딸은 살림 밑천'이라고 위안을 삼기도 한다.

이렇게 설움을 안고 태어난 여성에겐 그것도 모자라 모든 행동에 수많은 제약이 뒤따랐다. 그래서인지 '어떤 남편을 만나느냐에 따라서 여자의 운명이 결정된다' 는 의미를 담은 속담이 헤아리기 힘들 만큼 많다.

> 여자는 남자 손에 묻은 밥풀이다.
> 여자 팔자는 시집을 가봐야 안다.
> 여자 팔자는 두레박(뒤웅박) 팔자다.
> 여자 팔자는 알밤 줍기다.

따라서 여자의 운명을 결정하는 절대변수인 남편을 잘 만나려면 여자는 근신해야 했고, 조신하게 행동하지 않을 수 없었다. 잘 길러 결국에는 남자의 집으로 시집을 보내야 하는 딸은 '욕 밑천' 이기 때문에 딸의 장래를 위해 어머니에게도 현모양처 노릇이 강요된다. '딸을 알려면 그 어머니를 보라' '딸은 그 어미를 닮는다' '며느릿감을 보려면 그 어머니를 먼저 보랬다' 등 동어 반복식으로 계속되는 속담에서처럼 시집보낸 딸마저 어머니에겐 영원한 걱정거리기에 딸 교육에 신경 쓰지 않을 수 없다.[3]

그러기에 모든 것을 팔자와 관련시켜 고집이 세지 않도록, 조심스럽게 행동하도록, 너무 많은 것을 알지 못하도록, 뭇 여자들처럼 입 조심을 하도록 교육시켜야 했다.[4] 그렇게 가르치고 감싸온 딸을 시집보내고 나서도 어머니의 걱정은 끊이지 않는다.

3) '딸은 시집보내면 더 걱정된다' 는 말도 있듯이 시집보낸 것으로 딸에 대한 어머니의 염려가 끝나는 것은 아니다.

4) 이와 관련된 속담으로는 '여자가 고집이 세면 팔자가 세다' '여자가 그릇을 잘 깨면 팔자가 세다' '여자가 많이 알아도 팔자가 세다' '여자가 잔소리가 많으면 집안이 망한다' 등이 있다.

딸아딸아 연지딸아

고이고이 키워가주

남의집에 가거들랑

일가친척 오시거든

말에말씀 조심하고

제사영부 들거들랑

음식짓기 조심하고

꽁우닭을 잡거들랑

잔머리를 조심하고

시아버지 상들일때

치마꼬리 조심하고

도리도리 수박탕에

밥담기를 조심하고

중옷벗은 시동생에

말에말씀 조심하라[5]

5) 임동권, 『여성과 민요』,
1983, 집문당, p. 159.

　　위의 민요에서도 볼 수 있듯이, 시집보내는 딸에게 특히 말을
절제하도록 강조한다. 뒤에서 다시 보겠지만, 여자의 속성 중에
빼놓을 수 없는 것이 '수다스러움' 이라 보고 있다. 심지어 시집
에서 유일하게 자신의 편인 남편을 잃을지도 모른다고 협박까
지 받을 만큼 여성에겐 말의 절제를 강요한다. 목소리가 커서도
안 된다.[6]

6) '여자가 말이 많으면 과
부가 된다' '여자 음성이
크면 과부가 된다'.

　　남편 하나 믿고 친정을 떠나 시집에 들어간 여성은 '여자는

덕이 있어야 한다' 는 한마디에 부드럽고 너그러운 부덕을 발휘
해야 하며, '아내로서 귀한 것은 유순이다' 라는 가르침에 자신
을 낮추고 순종해야 했다.[7]

또한 '며느리 싸움이 형제 싸움' 으로 발전하지 않도록 조심스
럽게 행동해야 했다. 여성을 '수다스러운 존재' 로 단정 지은 우
리 조상들은 남편에게도 아내의 말에 적당히 대처하라는 경고
를 잊지 않는다.

> 아내 말을 안 들으면 망신하고, 잘 들어도 남을 도둑 만든다.
> 아내 말을 잘 들으면 패가하고, 안 들으면 망신한다.

다시 말해서 아내의 말을 너무 안 들어주면 부부싸움으로 망
신을 당하고, 너무 들어줘도 여자의 좁은 소견[8]과 변덕[9]으로
대인관계에서 좋지 않은 일이 생길 수 있다고 생각한 조상들의
경고가 담겨 있다.

이처럼 조심스런 행실 외에도 여성에겐 또 다른 굴레를 씌우
는데, 그것은 빼어난 외모에 대한 요구였다. '여자가 아무리 가
난해도 사내와 신발은 있게 마련' 이듯이, 한 여자로서의 완성이
사내와의 결합이라 생각한 이들에겐 백년해로할 사내를 만나지
못하고 나이를 먹어 안절부절못하는 여자야말로 가장 불쌍한
존재였다. 이런 사고가 바탕이 되어 '여자가 대머리면 늦결혼한
다' 고 이마가 넓은 것까지도 트집 잡고, 아버지와 어머니가 물
려주신 선천적인 얼굴 생김을 가지고도 '여자가 광대뼈가 나오

7) '아내가 남편보다 똑똑
하면 집안이 안 된다' 는 말
에 따라 여성은 언제나 자
신을 낮추는 미덕을 발휘해
야 했다.

8) '여자 속은 밴댕이 속이
다'.

9) '계집은 상을 들고 문지
방을 넘으면서 열두 가지
생각을 한다'.

면 팔자가 세다' 등의 속담이 생겼다.

어쨌든 여성에게 외모는 많은 것들을 죄우하는 중요한 조건이다. '여자는 첫째가 머리요, 둘째가 화장이요, 셋째가 옷이다'는 속담은 결국 여자의 맵시는 우선 머리를 얼굴 모양에 맞게 꾸미고, 둘째는 얼굴 화장을 곱게 해야 하며, 셋째는 옷을 어울리게 입어야 한다는 의미다. 이처럼 외모를 가꿔야 하는 여인들에게 화장은 필수적인 것이 되어 그에 따라 화장품을 파는 장사치들이 등장한다.

> 댁드레 연지분들 사오
> 저 장사야 네 연지분 곱거든 사자
> 곱든 비록 아니하되
> 바르면 네 없던 교태 절로 나고
> 님 사랑하시는 연지분이오니
> 진실로 그러하면
> 닷말아치나 사자 [10]

10) 임동권, 『여성과 민요』, 1983, 집문당, p. 78.

그러므로 좋은 배우자를 만나기 위해서도 여성은 자신의 외모를 가꾸는 데 정성을 기울여야 했다.

그외에 여성이 자신의 권리를 확보하기 위한 또 다른 탈출구가 될 수 있는 것이 떡두꺼비 같은 아들의 출산이다. 자신의 운명을 좀더 나은 방향으로 구원해줄 잘난 아들을 낳기 위해서도 여성은 외모가 아름다워야 했다. 그렇기 때문에 다음과 같은 말들이 생겨났다.

> 여자는 코가 잘생겨야 남편 복이 있다.
> 여자는 눈이 잘생겨야 아들을 잘 둔다.
> 여자는 눈이 잘생겨야 자식 복이 있다.

이처럼 관상학적으로 완벽한 얼굴 모습을 갖추기 위해서, 그리고 남편에게 사랑받기 위해 여성은 언제나 얼굴을 가꾸고 남편보다 젊어 보이려는 노력을 해야 했다.[11] 그러나 너무 빼어나도 안 되었다.

> 여자는 예뻐도 욕먹고, 미워도 욕먹는다.

힘겨운 시집살이를 인내하고 이겨낸 여성이 갑작스런 남편의 죽음으로 과부가 되면 주위에서 보내는 따가운 시선과 모욕적 태도로 다시 한번 깊은 절망에 빠질 수밖에 없다.

> 과부는 밤에 통곡하지 않는다.
> 과부댁 종놈이 왕방울 행세한다.
> 과부집에 가서 바깥양반 찾는다.

남성 중심의 사회에서 홀로된 여성이 감당해야 할 짐은 너무도 무겁다. 슬픔을 드러내서도 안 되고 늘 다른 사람들의 의혹

11) '여자와 가지는 젊어야 좋다'.

의 대상이 되므로 과부는 더욱 행실에 조심하고 자신을 무장시킬 수밖에 없었다.

또한 인간이라면 너무나 당연한 기본적인 본능들도 억누르고 인고해야 했기에 이런 과정들을 염두에 둔 '길들임'의 과정이 수반되었다.

삼종지도三從之道에 따라서 여성은 어려서는 어버이의 뜻에, 시집가서는 남편의 뜻에, 늙어서는 자식의 뜻에 맞도록 길들여져야 했다. 이런 삼종지도에 길들여지기 위해서 여자에게는 무엇보다도 덕성德性이 가장 중요한 것으로 요구되었고, 그것을 위해 철저한 교육이 뒤따랐다. 그래서 여성의 덕행으로 이름을 떨친 지방까지 생겨 '딸을 낳으면 웅천으로 보내라'는 이야기가 생길 정도였다. 그래도 걱정스러워 '딸자식을 둔 사람은 화냥년 보고도 흉볼 수 없었다'. 그렇기에 '계집아이는 외양간 치우는 것까지 가르쳐 시집보내랬다'는 속담처럼, 여자의 일이 아닌 것까지 포함하여 살림에 필요한 모든 것을 세세하게 가르쳐 시집 보내야 할 만큼 딸의 안전한(?) 미래를 위해선 '길들임'의 과정이 필수적이었다.

시집을 가서는 한 사내의 아내가 된다. 이때부터 '여자는 사흘만 매를 안 맞아도 여우가 된다'는 속담처럼 갓 데려온 여자를 길들이는 것도 남편의 몫이다. 따라서 '아내는 다홍치마 때부터 가르치랬다'고 마치 집을 가꾸듯 색시를 사내의 틀에 맞춰 가려 한다. 이렇게 길들여진 여인은 '귀머거리 삼 년, 벙어리 삼 년, 장님 삼 년'으로 계속되는 고된 시집살이 속에서 행여 시어

머니의 미움이 자식에게까지 미칠까 두려워 늘 행실을 조심해야 한다.[12]

시집와서 철저히 길들여진 여성은 자식의 출산과 더불어 또 다른 의무를 짊어진다. '어미가 미우면 자식도 밉다'는 말처럼, 자기가 낳은 자식이 행여 자신의 잘못으로 남편에게 미움받지 않도록 남편에겐 좀더 헌신적인 봉사가 필요하다. 이와는 달리 '어머니가 의붓어머니면 친아버지도 의붓아버지'가 되지 않도록 관대함이 요구된다. 또한 불행을 당하여 과부가 되었다 하더라도 '과부가 마음 좋으면 동네 시아비가 열둘이다'라는 모멸의 말을 듣지 않고 강요된 절개를 지키기 위해선 굳은 결심과 각오, 인내가 필요했다. 또한 '과부 자식이 잘 된다'는 말처럼 어떤 고생도 마다하지 않고 자식 교육에 정성을 쏟아야 했다.

이처럼 여성에게 모든 것을 관용으로 대하도록 요구하는 부덕婦德은 민요에서도 예외가 아니다. 시집보내는 딸에겐 근신하고 몸가짐을 단정히 해서 방자함이 없도록 하고, 시부모에게 효도하고 남편을 공손히 섬기며, 하인들에게도 은혜를 베풀도록 가르치는 일을 잊지 않는다.

> 인문이 생긴후에
> 오륜이 쫓아나니
> 규중의 여자로서
> 다알수야 있냐마는
> 칠거지악 옛법이라



---

女子

삼종지도 모를쏘냐

그중에 사친지도

백행중에 으뜸이라

효자의 애일지심

백년이 순식이니

(중략)

소소한일 허물말고

내도리라 극진하면

남이라도 화합커던

동기야 이를손가

형제가 개우하면

화락자심 하나니라

(중략)

외당의 통지있어

손님이 오시거든

없다고 눈속말고

있는 것 사념마라

주찬이 유무간에

먹도록 대접하면

돌아가 공손인사

(중략)

접빈객 하자하면

사령없이 되겠느냐

> 비복은 사령이라
> 수족과 같으리라
> 귀천이 다르나마
> 그도또한 혈육이니
> 살뜰이 거두우되
> 은위를 병시하라
> (하략)[13]

13) 임동권, 『여성과 민요』, 1983, 집문당, pp. 19~20.

여성에게 순종을 강조하는 민요는 여기에서 그치지 않는다.

> 네 방에 들어가거든
> 자리로 주는대로
> 단정히 바로앉아
> 눈을 높이 뜨지마라
> 불가히 여기리라
> 하품을 하지마라
> 능멸히 여기리라
> 코침을 길게마라
> 더러워 여기리라
> 때그럭이 오는손에
> 잔소리를 하지마라
> (하략)[14]

14) 정동화, 『민요에 나타난 한국인의 의식』, 1983, 한국방송사업단, p. 147.

　처음 시집으로 들어가는 딸에게 행실을 조심할 것을 가르치는 민요다. 또한 성관계에서도 전적으로 남편에게 순종하고 수동적이어야 한다고 딸에게 이른다.

　여자의 운명은 남편에게 달렸다고 (현재에도 이런 사고방식에 빠져 있는 이들이 허다하다.) 믿었기에 재력과 권력을 보장해줄 장래성 있는 사내가 자식의 낭군으로 나타나길 기다린다. 따라서 그런 사내를 맞이하는 신방은 화려할 수밖에 없다. '딸 셋 둔 집은 문 열어놓고 잔다' 는 속담이 무색하지 않을 만큼 장래가 촉망되는 신랑을 맞이하기 위해 젊은 여자는 힘이 들더라도 많은 돈을 들여 화려하게 단장한 신방을 마련한다.

강실강실 강도령이
강의책을 옆에끼고
무주땅에 장개가니
꾀꼬리는 그린방에
청룡황룡 띠를띠어
백룡안에 되벽하고
대왕공단 깃을달아
백수안에 동정달아
덮은덕시 돋아놓고
원앙금침 자옷벼개
빌듯이나 돋아놓고
샛별같은 요강대야

발만치나 펼쳐놓고

화초병풍 인물병풍

양쪽에다 둘러치고

여기앉소 저기앉소

방치레는 좋고좋다[15]

15) 임동권, 『여성과 민요』, 1983, 집문당, pp. 42~43.

　이상에서 살펴보았듯이, 속담이나 민요 모두 단지 여성이기에 겪을 수밖에 없는 인고의 과정을 보여준다. 남자에게 종속된 삶을 살아가야 하는 여성에게는 어떤 고난도 인내로 이겨낼 수 있는 관용과 덕행으로 가득 찬 처신만이 요구되었다. 이런 점에서 우리는 여성에게 주어진 속박의 굴레가 어떠했던가를 충분히 이해할 수 있다.

## 2. 여자의 길

단지 여자로 태어났기 때문에 받아들이고 따를 수밖에 없는 여성의 숙명은 속담이나 민요에 어떻게 그려져 있는가? 여자이기 때문에 태어나서 죽을 때까지 거쳐야 하는 단계들—즉 딸로서, 한 가정의 며느리로서, 한 사내의 아내로서, 자식들의 어머니로서, 그리고 남편을 칠성판에 뉘어 보낸 과부로서 걸어야 했던 운명의 길—을 속담과 민요에서는 어떻게 묘사하고 있는지 살펴보도록 하자.

■ 딸

부모를 '두 번 울게 만들면서' 이 세상에 태어난 여성이 가장 먼저 거쳐야 하는 것은 딸로서의 의무다. 그와 아울러 여자로서 갖추어야 할 덕목들을 몸에 익혀야 했다. 잘못 키워 시집보내면 '평생 욕 밑천'이 될까 두려워 부모는 딸 교육에 더 엄격할 수밖에 없다. 가정의 경제를 위하여 며느리는 가난한 집에서 데려와 알뜰하게 살림을 꾸려나가길 원하지만, 피붙이인 딸만은 시집살이 고생이 덜하도록 부잣집으로 시집보내고 싶다. 딸의 운명을 좌우하게 될 대사大事인 혼인을 위한 경비 지출 역시 만만치 않다. 가난한 집에서는 '딸 하나는 많고 반은 쓰지 못한다'고 딸의 혼인 경비가 부담스럽다. 그래도 '애물단지'인 딸을 위하여 모든 재산을 털어준다. '딸이 셋이면 도둑도 되돌아간다'고 하지만, 시집간 딸은 그런 부모의 고충을 아는지 모르는지 여전히 '예쁜 도둑'이다.

하지만 꽃이 좋아야 나비가 모이듯이, '내 딸이 고와야 사위도 고른다'고 여자에게는 무엇보다 외모가 우선이었다.[16] 그래서 여성은 아름답게 보이기 위해서 치장을 하고, 인물이 빠지면 옷이라도 어울리게 입어 외모에 신경 써야 했다.

> 맨드라미 짓을 달고
> 봉선화로 섶을 달아
> 입어보니 때가 묻고
> 벗어보니 입구 접고
> 마치다가 다 떨어졌네[17]

여인은 예쁜 옷을 만들어 입어야 했다. 그래서 만들다가 자꾸

16) '여자는 첫째가 인물이다'.

17) 박갑수, 『사라진 말 살아남는 말』, 1979, 서래헌.

女子

입어보고 벗어놓고 하다 보니 제대로 입어보지도 못하고 옷이 다 해졌다는 민요다.

그러나 돈도 있고 인물이 있어도 천운天運이 함께 해주지 않으면 안 되었다. 웬만큼 준비를 끝내놓고도 '시집갈 날 등창 난다'고 혹시 하늘이라도 시샘할까 봐 노심초사하는 것이 부모의 마음이다. 그래서 일이 제대로 되지 않을 때, 이를 빗대어 '가마 타고 시집가기는 틀렸다'고 말하는 것일까?

이와는 달리 빼어난 용모를 지니지 못한 여성을 두고 '계집 얼굴은 제 눈에 안경이다' '얼굴 소박은 있어도 박색 소박은 없다'고 하였는데, 그 속엔 사내의 선택을 중심으로 사고하고 여자로서의 순종을 강요하는 심리가 담겨 있다.

그래도 여자로 태어난 이상, 시집을 가서 여자에게 주어진 의무를 다할 수 있어야 했기에 여자는 언제나 낭군을 그리며 시집가기를 애태운다. 이처럼 조급한 마음은 속담에도 나타난다.

> 시집도 아니 가서 포대기 장만한다.
> 시집도 가기 전에 기저귀 장만한다.
> 중매 보고 기저귀 장만한다.

이런 딸의 모습과 달리 아들은 어떤 모습으로 그려질까? '아들을 잘 두면 한 집이 잘 되고, 딸을 잘 두면 두 집이 잘 된다'는 말에서처럼 아들에 대한 사랑은 딸에 대한 사랑과 그 성격이 다르다. 딸에게는 겉으로 애정을 표시하며 시집보낼 때 커다란 보따리를 안겨주지만, '아들은 속으로 사랑하랬다' 고 아들에 대한 사랑은 겉으로는 엄하지만 속으로는 한없이 깊다. 또한 아들에게 가지는 기대감 역시 큰 것이어서 '아들이 아무리 똑똑해도 가르치지 않으면 총명해지지 못한다' 고 하였다. 이것은 '계집아이는 외양간 치우는 것까지 가르쳐 시집보내랬다' 는 속담에 나타나는 딸에 대한 교육과는 그 차원이 엄청나게 다르다.

이와 같이 속담에서도 아들과 딸, 크게는 여자와 남자에 대한 기대감에서부터 교육관에 이르는 모든 것이 다르게 나타난다. 이처럼 철저한 여성 차별이 속담에 담겨 있다는 사실은 곧 우리 민중 의식 속에 여성에 대한 차별 의식이 자리잡고 있다는 의미다.

## ■ 며느리

여자가 시집을 가면 두 가지 새로운 관계를 맺는다. 시집가면 남이 되는 딸은 영원히 시집 식구가 되어버린다. 결국 신랑 쪽에서 보면 새로 들어온 식구가 되는 셈이다. 시집온 여자는 평생 반려자인 남편과 관계를 맺는 동시에, 시부모에 대한 봉양의 의무를 새롭게 지게 된다. 시댁媤宅에서 유일하게 다른 성姓을 갖는 여성이 새로운 환경 속에 적응하기란 여간 힘든 일이 아니었다.[18]

그래서 속담만이 아니라 민요에서도 시집살이의 괴로움을 털어놓고 묘사한 것들이 유난히 눈에 많이 띈다. 특히 민요의 경우 여요女謠로 분류되는 것들을 주제별로 분류해보면 다음과 같다.[19]

18) 물론 며느리의 입장에서는 시어머니도 성姓이 다른 존재다. 하지만 그 시어머니도 며느리의 단계를 거쳤음을 상기할 때, 유일하게 성이 다른 여자라 표현한다 해서 큰 잘못은 없는 듯하다.

19) 정동화, 『민요에 나타난 한국인의 의식』, 1983, 한국방송사업단.

| 주제 | 빈도 |
|---|---|
| 사랑 | 5.2 |
| 한탄 | 22.6 |
| 해학 | 7.8 |
| 향락 | 8.7 |
| 인생무상 | 4.7 |
| 이별 | 3.5 |
| 육친애 | 0.9 |
| 시집살이 설움 | 21.7 |
| 교훈 | 1.7 |
| 가난 | 7.0 |
| 원망 | 4.4 |
| 체념 | 1.7 |
| 기타 | 10.1 |

　이 표에서 보듯이, 시집살이에 대한 설움을 읊은 것이 21.7%를 차지한다. 또한 시집살이의 설움은 결국 여성이기에 감당해야 하는 숙명이었기에 한탄, 인생무상, 이별, 육친애, 원망, 체념 역시 모두 여성으로서 겪어야 했던 고통이라고 할 수 있다. 그렇다면 민요 중에서도 '여요女謠'는 거의 모두가 여성의 숙명에 대한 것들이라 할 수 있다.

　어쨌든 여기에서 여성이 시집살이의 여러 관계에서 겪게 되는 갈등, 시아버지·시어머니·시누이와의 관계를 살펴볼 필요가 있다.

성님 성님 시집살이 어떻던가?
말도 마라 말도 마라
고추 당초 맵다 해도
시집살이만 못 할 게다.

시집살이의 어려움이 담겨 있는 민요다. 갓 들어간 새색시의 입장에서는 먼저 들어온 손위 동서에게 시집살이가 어떠한지 물어보는 것은 당연지사다. 우리나라에서 시집살이란 '고부갈등'이란 말이 널리 쓰일 만큼 결국 시어머니와 며느리의 관계로 귀결된다. 따라서 며느리를 바라보는 시어머니의 시각과 시어머니에 대한 며느리의 시각을 구분하여 살펴보아야 한다.

'시어머니와 며느리는 사이가 좋아도 시어머니와 며느리'이듯이, 같은 여성임에도 이들 사이엔 극복하기 힘든 벽이 있다. 그래서 '시어머니 웃음은 두고 봐야 한다'는 말도 있듯이, 며느리 입장에서는 시어머니가 웃어도 진정 좋아서 웃는 것인지 아니면 건성으로 웃는 것인지 모르기에 시어머니와 며느리는 어려운 사이일 수밖에 없다.

그럼 시어머니에게 며느리는 어떤 존재인가? '딸은 시집가면 온 남이 되고, 아들은 장가가면 반 남이 된다'는 말처럼, 자기의 혈육인 아들을 며느리와 절반씩 나누어 가져야 하기 때문인지 시어머니 쪽에서는 며느리가 곱지만은 않다. 때로는 눈엣가시 같은 존재이기도 하다. 게다가 지금껏 남의 집에 살다가 이제는 평생을 함께할 '종신 식구'로 맞아들인 며느리를 '다홍치마 시절부터 잘 길들여야' 할 필요도 있다. 이런 구박을 덜려고 며느리가 시어머니에게 아무리 잘 해도, 일단 미운 털이 박힌 며느리는 웃는 것조차 밉게 보인다. 이렇게 해서 시어머니로서의 위엄을 지키며, 처음부터 가혹하게 다룬 며느리가 완벽하게 시집살이의 어려움을 헤쳐가더라도 시어머니는 무언가 흠을 찾아내어 구박할 거리를 만들려 한다.

며느리 흠 없으면 다리가 무같이 희다고 한다.
며느리가 미우면 발뒤축이 달걀 같다고 나무란다.

이처럼 공연한 트집을 잡아서라도 시어머니는 며느리에게 위세 아닌 위세를 부린다. 그래서 이렇게 미운 며느리가 좋아할 일이라면 반드시 해야 할 일마저 꺼려, '굿 하고 싶어도 맏며느리 춤추는 꼴 보기 싫어 못한다' 고까지 한다.

하지만 시어머니에게 며느리는 없어서는 안 될 존재임에 틀림없다. 우리가 가장 소중한 부분을 다쳤을 때 '며느리 발톱을 잘라낸 닭' 에 비유하듯이 집안의 대소사에서 며느리는 없어서는 안 될 소중한 존재다.[20]

이와 같이 며느리는 집안의 온갖 일을 도맡아 처리하는 존재건만, 누구 하나 그 은덕을 알아주지 않고 인정해주지도 않는다. 그리고 고양이가 쥐 잡는 것을 당연하게 보듯, '고양이 덕과 며느리 덕은 알지 못하는' 것이다.

그럼 거꾸로 며느리의 눈에 시어머니는 어떤 존재로 비춰질

20) 그래서인지 일이 뜻대로 되지 않을 때 이를 빗대어 '제삿날 맏며느리 아파 눕는다' 고 말하며, 무능력한 사람에게 막상 좀 쉬운 일을 맡기려 할 때 없으면 '못생긴 며느리 제삿날 병난다' 고 한다. 이처럼 며느리는 미움의 대상이면서도 막상 없으면 아쉬운 존재인 것이다.

까? 가장 대표적인 속담으로는 개구리가 올챙이 적 생각 못한다고 '시어머니가 며느리 적 생각 못한다'가 있다. 시어머니도 며느리로서의 괴로움을 겪어보아서 잘 알련만 왜 새로 맞아들인 며느리를 그토록 구박하는 것일까? '며느리가 시어미 되면 시어미 노릇 더 한다'고, 온갖 고초를 겪은 끝에 드디어 시어머니가 되면 그 어려운 사정을 이해해줄 수 있어야 함에도 마치 복수라도 하듯이 더 매운 시집살이를 시킨다. 이처럼 며느리 적 시절을 생각지 못하고 현재의 위치에서 온갖 위세를 부리는 '시어머니를 좋아하는 며느리가 있을 턱이 없으며', 그렇기에 오랜만에 기쁜 일이라도 생기면 '시어미 죽고 처음이다'라고 빗대어 말할 정도다. 그러니 며느리로서는 오로지 '시어머니 죽을 날 있다'는 단 하나의 믿음으로 고된 시집살이를 이겨내고, 그 과정에서 받는 고통을 당사자인 시어머니에게는 감히 풀지 못하고 자신보다 더 약한 존재에게 분풀이하며 앙금을 씻는다.

> 시어미 역정에 개 밥그릇만 찬다.
> 시어미 미워서 개 배때기만 찬다.

하지만 며느리에게는 시어머니를 이겨볼 수 있는 비장의 무기가 하나 있다. 바로 자식, 그 중에서 대를 이어갈 아들을 낳는 일이다. 감히 시어머니 앞에서 편히 앉아보지도 못하던 며느리가 '아이 젖 핑계 대고 눕는다'. 시어머니도 손자를 위해서는 이런 며느리의 행동을 모른 체할 수밖에 없다.

女子

　　이처럼 시어머니와 며느리는 같은 여자임에도 결코 화합할 수 없는 물과 기름 사이로 비유된다. 하지만 칼자루는 언제나 시어머니가 쥐고 있으니, 피해자는 항상 며느리일 수밖에 없다. 그래서인지 '시집살이를 못하면 동네 개도 업신여긴다'는 식으로 무조건적인 순종만이 강요된다. 이런 시어머니와 며느리 사이에서 고민되고 힘든 사람은 아무래도 남편이다. 따라서 남편은 '안방에 가면 시어미 말이 옳고, 부엌에 가면 며느리 말이 옳다'고 두 여자 사이를 오가며 중재하는 역할을 맡아야 한다.

　　하지만 '사위 사랑은 장모'라는 말도 있듯이 사위는 처가에 가서는 '백년손님'이라 하여 융숭한 대접을 받는다. 시집에서 며느리가 받는 대우에 비하면 처가에서 사위는 황후장상이 부럽지 않다. 이처럼 며느리는 시집와서 죽도록 일만 하고 시아버지와 시어머니를 친부모 이상으로 극진히 봉양하며 남편을 위해 헌신하지만, 남편은 처가에 눈곱만큼의 관심도 보이지 않는다. 따라서 여자는 남편의 관심을 조금이라도 더 처가 쪽으로 돌려보려고 있는 정성 없는 정성 다하여 남편에게 헌신한다. 이와 같은 시집살이를 극단적으로 묘사하고 있는 민요를 하나 소개하면서 여성이 며느리로서 짊어져야 했던 숙명에 대한 고찰을 마치려 한다.

　　　　시집온 지 이레 만에
　　　　밭 매란 말 웬말이요
　　　　호미 들고 밭으로 가요

한 골 두 골 매다 보니

점심때가 되어 집으로 와서

사랑방 문을 쑥 열고나 보니

호랑이 같은 시아버님

낮잠만 쿠리쿨쿨 자고 있고

건넌방 문을 쑥 열고나 보니

여우 같은 시누이야 잡년

화장만 토탁탁 하고

웃방 문을 쑥 열고나 보니

밤콩 같은 서방님은

장기만 투딱딱 두고 있고

안방 문을 쑥 열고나 보니

구렁이 같은 시어머니는

물레만 윙윙 돌리고 있고

뒷방 문을 쑥 열고나 보니

반달 같은 우리 낭군은

간곳없네

얼시구 좋다

지화자 좋다

요렇게 좋다가는

딸 낳겠네[21]

21) 정동화, 『민요에 나타난 한국인의 의식』, 1983, 한국방송사업단.

한 집안의 며느리로서 시집살이를 자신의 운명으로 받아들이려 하지만, 시집 식구들의 무심한 모습에 화가 치민 며느리는 시집에서 기대하는 아들이 아닌 딸을 낳겠다며 노래로나마 작은 반항을 해본다.

### ■ 어머니

여자는 자식을 낳는 순간 또 다른 굴레를 쓰게 된다. 바로 어머니로서의 숙명이다. 우리는 어머니란 단어에서 자애로움과 사랑을 떠올린다. 사랑이 지나치면 버릇 없는 자식을 만들까 하여 정작 어머니는 드러내놓고 사랑을 베풀 수도 없다. 하지만 '어머니의 마음은 늘 자식만을 따라다녀' 자식 걱정으로 세월을 보낸다.

> 은자동아 금자동아
> 수명장수 부귀동아
> 칠기천금 보배동아
> 채색비단 오색동아
> 천지건곤 일월동아
> 은을주면 너를살가
> 금을주면 너를살가
> (후략) [22]

22) 최철, 『한국 민요학』, 1992, 연세대학출판부.

이런 마음을 지니고 있는 어머니이기에 자식들도 '어머니 매는 아프지 않다' 고 하지 않는가. 또한 어머니들은 귀여운 자식

이 잠이 들 때까지 조용조용 자장가를 불러주어 잊지 않고 아가
가 좋은 꿈꾸기를 소망했다.

> 자장자장 자장자장
> 우리아기 잘도잔다
> 꼬꼬닭아 울지마라
> 멍멍개야 짖지마라
> 우리아기 잘도잔다
> 검둥이도 잘도잔다
> 꿈나라에 들어가서
> 무슨꿈을 꾸고있나
> 부모님껜 효자동이
> 나라님껜 충성동이
> 일가간에 화목동이
> 자장자장 잘도잔다
> 우리아기 잘도잔다 [23]

23) 정동화, 『민요에 나타난 한국인의 의식』, 1983, 한국방송사업단.

　이렇게 자장가를 불러주며, 자식이 나라에 충성하고 부모에
게 효도할 수 있는 커다란 인물로 자라기를 기대하는 어머니의
심정이 절절이 배어 있다. 그런 중에 자식이 덜컥 병이라도 걸
리면, '어머니 손은 약손'이라고 밤새 극진히 간호해주셨던 친
정 어머니의 사랑과 정성을 기억하고 고마워한 민요도 있다.

우리엄마 나를낳고 애면글면 기를적에

일천뼈골 다녹았고 오만간장 다썩었네

오줌똥을 주무르며 더러운줄 몰랐다네

진자리 마른자리 가려가며 뉘었다네


하지만 이렇게 극진한 정성으로 보살피고 키워놓아도, '어미 속 알아주는 자식 없다'고 어머니가 자식을 위해 얼마나 고생을 했고, 지금도 고생하고 있는지 이해하는 자식은 찾아볼 수 없다. 그들은 그런 대우를 오히려 당연한 권리로 생각하며, 어머니로서도 그런 정성을 쏟는 것이 여성으로서 당연한 숙명인 양 받아들인다. 그러기에 부모 곁에 남아서 효도하는 자식은 언제나 병신 자식이라는 얘기가 있다.[24]

24) '병신 자식 효도한다' '눈먼 자식이 효자 노릇한다'.

이처럼 여자는 며느리로서만이 아니라 어머니로서의 의무도 떨쳐버리지 못하며, 시어머니와 자식들을 위해 뼈가 부서져라 일만 해야 하는 존재로 나타난다. 그러나 여자에게 부여된 짐은 이것으로 그치지 않는다. 여자의 운명을 더 크게 좌우하는 사람은 바로 남편인 것이다.

### ■ 아내

며느리로서, 어머니로서의 역할만이 아니라 또 하나 아내로서의 역할도 여자를 기다리고 있다. 어떤 점에서 결혼한 여자의 운명을 가장 크게 좌우하는 사람은 남편이고, 시어머니와 자식

에 대한 의무는 남편이란 존재에 의해서 부수적으로 생긴 짐이
라 할 수 있다. 따라서 여자에게 무엇보다 중요한 것은 남편에
대한 의무라고 했다. 그래서인지 여자에게 강요되었던 삼종지
도三從之道에서는 어려서는 부모에 순종하고 시집가서는 남편
에게 순종할 것을 가르친다. 다만 남편이 늙고 힘을 잃었을 때,
그리고 남편이 먼저 세상을 떠났을 때, 그때는 자식을 따르라
했다. 그렇기에 여자가 오랜 세월을 의지하며 살아가야 할 사람
은 친정 부모가 아니라 남편이었다. 따라서 여자가 아내로서 짊
어진 숙명은 결국 남편에 대한 의무이며, 아내로서 갖추어야 할
조건이 무엇인가를 살펴보는 것이었다.

　비록 아내는 남편의 사랑을 먹고 산다지만 아내는 마치 성지
기처럼 가정을 튼튼히 지켜주는 지렛대가 되어야 한다. 그렇기
에 '아내를 얻을 때는 부엌에서 얻으랬다' 는 가르침에 따라 살
림살이를 잘하는 처녀를 택해야 했고, 그런 기준에서 선택했음
에도 '아내와 집은 가꿀 탓' 인 까닭에 '색시 그루는 다홍치마'
라고 하여 가정의 법도를 세우려 했다.

　아내는 단지 여성이기에 처음 시집오는 순간부터 남편의 의
도에 맞도록 길들여진다. 그렇기에 우리 속담 중에는 아내가 현
모양처이기를 바라는 내용들도 많다.

　　아내를 잘못 얻으면 대들보가 무너진다.
　　아내 못된 것은 백년 원수요, 쉰 장은 일년 원수다.

女子

'아내 잘 만나면 평생 복' 이지만, 우리네 사고방식에선 그런 아내를 남들에게 내놓고 자랑할 수조차 없었다.

아내 자랑은 반 병신이나 한다.
아내 자랑하는 놈치고 변변한 놈 없다.

아내가 며느리로서 부모에게 헌신하고 자식에게 현명한 어머니의 역할을 다하면, 남편으로서는 그런 아내가 귀엽고 예뻐 보일 수밖에 없다. 그런 아내를 둔 남편도 복덩이를 집안에 들인 것 같아, '아내가 귀여우니 처갓집 문설주도 귀엽고' '개죽을 쑤어주어도 맛있을 수밖에 없다' 고 하여 아내에게 좋은 며느리이자 좋은 어머니이길 바랐다.

그러나 흔히 '여자 팔자는 남자 손끝에 달렸다' 고 모든 남편이 헌신적인 아내의 부덕을 알아주는 것은 아니다. 심지어 '밤새도록 울다가 어느 마누라 초상인지 모를 만큼' 아내에게 무관심하고, 그저 아내의 부덕婦德을 여자의 숙명 정도로 치부해버리는 남편들도 있었다.

그런가 하면, '아내와 장은 묵을수록 좋아진다' 고 세월이 흐를수록 더욱 두터운 정을 쌓아가고 사랑을 더해가는 남편들도 있었다. 이처럼 남편은 아내의 행복과 불행을 직·간접적으로 결정하는 존재였기에 '아내는 남편 손끝에 달렸다' 는 말을 우리 조상들이 심심찮게 한 것 같다.

그러나 어떤 유형의 남편이든 간에 '아내가 남편보다 똑똑하

면 집안이 안 되고' '아내가 비록 어질더라도 바깥일에 참견해
서는 안 된다' 고 했으며, 남편 역시 '아내 말을 잘 들으면 패가
하고 안 들으면 망신한다' 는 옛 조상의 가르침에 따라 되도록
아내와는 바깥일을 의논하지 않았다. 그러다 보니 '여자와 옷은
새것이 좋다' 고 오랜 세월 정을 쌓아온 아내와 점점 멀어지고,
사랑하는 아내가 아들을 낳지 못하면 부모의 성화에 못 이겨 대
代를 이을 아들을 생산해줄 시앗을 들이게 된다. '계집 싫어하
는 사내 없듯이' 마지못해 들인 시앗이지만 '여자와 자리는 새
것이 좋은' 남편이 어찌 젊은 시앗에게 눈길을 주지 않겠는가.
그러니 남편은 시앗에 정신이 팔려 점점 조강지처와 멀어지고
무조건적으로 시부모의 의견에 따라야 하는 아내는 서러운 마
음 부여잡고 혹시나 하는 심정으로 분단장 곱게 하고 이제나 저
제나 남편 오기만 기다리며 밤을 새운다.

> 달도 밝고 별도 총총한데
> 임은 날 버리고 왜 아니 찾소
> (중략)
> 누구를 보자고 이 단장했나
> 임 가신 나무에 눈물비 온다

　본처에게 있어 시앗은 얼마나 미운 존재였던가(본처와 시앗
모두 가부장제의 희생자였지만). 그러니 시앗이 죽었다는 소식
을 듣더라도 전혀 슬프지 않음은 당연한 일인지도 모른다. 시집

살이의 괴로움도 크거늘 거기다 남편까지 앗아간 시앗의 죽음을 맞이한 여자의 마음이 어떠한지 솔직하게 표현해준 속담과 민요가 있는 것을 당연하다.[25]

> (전략)
>
> 한손에 받아들고
>
> 두손으로 펼쳐보니
>
> 시앗죽은 편지로다
>
> 고년고년 잘죽었다
>
> 인두불로 지질고년
>
> 고기반찬 쓰더니만
>
> 소금밥도 달고달다[26]

남편의 입장에서 아내는 시부모와 자식, 그리고 자신에 대한 의무까지 짊어져야 하는 가련한 존재이자 집안의 화목을 위해서 매우 중요한 역할을 하는 사람이었다. 남편의 본의든 본의가 아니든 아내는 위의 세 가지 역할과 억압 외에도 시앗이란 치욕스런 존재마저 받아들여야 했고, 칠거지악七去之惡이란 단단한 통념 속에서 질투조차 못하고 마음속으로 삭여야 했다. 그래도 남편을 믿고 자식을 의지하며 살아갈 수밖에 없는 아내는 여성으로서의 역할에 충실해야 한다는 굴레 속에서 정작 하나의 인격체로 존중받지 못했다.

25) 이에 걸맞는 속담으로는 '시앗 죽은 눈물만하다' '시앗 죽은 눈물이 눈 가쟁이 적시랴'가 있다.

26) 최철, 『한국 민요학』, 1992, 연세대학출판부, p. 154.

범이그리 세다하니 새아비두구 더세겠냐

고치장이 맵다하니 새어미두구 더맵겠냐

어숭이꽃이 곱다하니 남편두구 더곱겠냐

함박꽃이 곱다하니 아들두구 더곱겠냐

외나무다리 험허다하니 새형두구 더험겠냐

칠월백채 푸르다하니 맏동세두구 더푸르겠냐

당기구슬 세다하니 시앗두구 더세겠냐

닭부리 세다하니 새누비두구 더세겠냐[27]

27) 위의 책, p. 218.

## ■ 과부

청상과부에게 수절이 강요되었던 시절, 여성에겐 절개를 지키려는 굳은 의지와 인내가 필요했기에 '과부집 똥 넉가래 세우듯 한다' 는 속담이 있을 정도로 융통성을 보일 여지가 없었으며, 게다가 '같은 새경이면 과부집살이' '과부집 머슴이 왕방울 행세' 라고 무시받기 일쑤였다.

또한 어려서부터 익힌 부덕婦德으로 절개를 지키려 애쓰지만, 과부는 언제나 다른 여인들에게 의혹의 대상이 되곤 했다. '과부집에 가서 바깥양반을 찾는다' '과부집 수고양이 같다' 는 모멸의 말이 새어나가지 않도록 더욱 조심스런 행실이 강요되었다. 그러니 당연히 '과부살이 십 년에 독사 안 되는 년 없다' 고 독하고 드센 여인으로 내몰릴 수밖에 없다.

그러나 남에게 무시당하지 않기 위해 살림살이에 검약하여 '과부 은 파먹기' 가 아니라 '푼돈이 쌓여 은이 서 말' 이 되도록 재산을 모아, 지독하다는 소리를 듣더라도 마치 복수라도 하듯 '다섯 푼 빚을 대어주고', 돈이 급한 사람에게는 '과부집 빚을 내서라도 갚겠다'는 최후의 돈주머니가 되었다.

이처럼 남편을 잃은 것도 서러운데, 주위에서 과부가 된 여자를 감싸주기보다는 오히려 모멸의 눈초리를 던지거나 행여 자기 남편을 유혹할까 봐 따가운 눈총을 보내기 일쑤였다. 과부가 된 여인들이 살아야 했던 모질고 팍팍한 삶의 역정을 속담은 확연히 보여준다.

이런 고찰들에서 흥미로운 점 하나는 여성의 적이 남성만이 아니라 같은 여성이기도 하다는 것이다. 며느리를 힘겹게 하는 가장 어려운 상대인 시어머니 외에도 시누이와 시고모 등의 시집 식구들의 시집살이 역시 만만찮다. 또한 과부가 된 여성에게 가장 가혹한 사람도 자신의 바깥양반을 홀릴까 두려워하는 주변의 여성이었다.

우리가 지향해야 할 여성과 여성의 관계는 차별적이고도 적대적이었던 과거의 견제에서 벗어난, 더 나은 삶을 모색하는 데 서로가 서로에게 힘이 될 수 있는 발전적인 관계여야 한다.

## 3. 여자의 속성

여성을 자기밖에 모르고, 이기적이며, 밴댕이같이 좁은 속을 지녀 편협하기 때문에 눈앞의 이익에만 연연하는 근시안적 인간이라고 보는 견해는 유감스럽게도 어제 오늘의 일이 아니다. 그러다 보니 여성은 사회생활보다는 집안에 들어앉아 살림이나 하는 것이 어울리는 열등한 인간으로 여겨져왔다. 여성에 대한 이런 편견은 가부장적 사회가 오랫동안 지속되면서 남성을 중심으로 모든 것이 정리되는 과정에서 싹튼 것임에 틀림없다. 이런 편견을 타파해나가야 한다.

지금까지의 여성운동을 통해 법적 · 사회적으로 어느 정도 남녀평등이 이루어졌지만, 여전히 많은 여성들은 완전한 만족감을 느끼지 못하고 있다. 어떤 의미에서, 이런 여성운동의 수혜자들은 목소리를 높인 몇몇과 소수의 선택된 여성들에 한정되어 있다고 할 수 있다. 특히 여성 농민의 문제가 현대여성학에서 새로운 문제로 대두되고 있는 실정을 감안한다면, 전통적인 가치가 어느 곳보다도 많이 남아 있는 농어촌에서 사용하는 언어에 초점을 맞추어보지 않을 수 없다.

이런 관점에서 속담과 민요에서 여성을 어떻게 그리고 있는지 살펴보자. 미루어 짐작할 수 있듯이 속담과 민요에서 여성의 속성은 열등하고 편협한 것으로 그려져 있다. 그러나 속담과 민요가 우리 민중 의식의 진실된 반영이고 그 안에 여성의 속성이 부정적인 모습으로 드러난다면, 여성이 경제적으로 독립하고 남성보다 사회적활동에서 우수하다 할지라도 우리의 의식—남녀를 막론하고—속에 뿌리 박힌 여성의 왜곡된 모습을 극복하기란 한층 어려울 것이라는 생각이 든다. 그러나 우리의 의식도 동시대인의 문화를 반영한 언어 속에서 바뀐다는 생각을 하면 그리 절망할 것도 아니다. 그리고 이 분야에 꾸준한 관심을 갖는 여성학 전공자들이 더 많이 배출돼 우리의 의식 확장은 물론 일상생활에서의 언어 평등, 여성 지위 격상 등에 한몫을 담당하기 바란다.

## (1) 의존적인 여자

속담과 민요 속에서 여성의 속성이라 간주한 것 중의 하나는 의존성이다. '여자와 집은 임자 만날 탓' 이라고, 여자의 장래는 전적으로 어떤 남편을 만나느냐에 달렸다고 보았다. 그래서인지 여자 팔자는 '윷판' 처럼 예측 불가능하고, 선택되는 대로 살아갈 수밖에 없는 수동적인 입장에 놓인다.

여자 팔자는 두레박(뒤웅박) 팔자다.

결국 두레박의 끈을 누가 잡느냐에 따라서 떠 올려지는 물의 양이 결정되듯이, '여자 팔자는 남자 손끝에 달려' 있거나 '여자 팔자는 시집을 가봐야 안다' 는 말이 오고갔다. 이처럼 '여자는 남자 손에 묻은 밥풀' 같은 인생이기에 남편과 함께하는 삶에서도 주도적인 위치를 차지하지 못하고, 그저 부드럽고 즐거움만을 안겨주는 양념과 같은 존재로 머물 수밖에 없었다.

이처럼 남편의 신분에 따라서 '높게 놀고, 낮게 놀 수밖에 없는 여자' 지만, '여자 팔자는 자식을 낳아봐야 안다' 고 여성의 운명은 아들자식에 의해 좌우되기도 했다.

남성 중심적 사고 속에서 모든 것을 남성이 주도해온 오랜 세월 동안 여성은 주체적인 모습으로 존재하지 못하고 남성의 운명과 함께하는 부속물처럼 여겨져왔다.

## (2) 분수를 모르는 여자

우리 속담과 민요에서 여성은 분수를 모르고 행동하는 인간으로 그려진다. 여성의 이런 모습은 두 가지 방향에서 찾을 수 있는데, 하나는 시집살이의 갈등 당사자들인 며느리와 시어머니의 관계다. 세월은 속일 수 없듯이, 시어머니가 죽으면 당연

女子

히 아랫목이 며느리 차지가 될 것임에도 그들은 서로를 미워한다. 결국 이 두 사람은 서로에 대한 이해심과 양보심의 결여로 '시어머니는 며느리 적 생각 못 하고' '며느리도 늙으면 시어미 된다' 는 세월의 순환 고리를 의식하지 못한 채 줄곧 근시안적 태도로 일관한다.

시집간 딸을 빗댄 속담과 민요도 많다. '딸 셋을 여의면 기둥 뿌리 파인다' 고 시집보낼 때 그토록 정성스레 장만하여 보내주었건만, 딸은 친정에만 오면 가져갈 것이 없을까 두리번거려 '딸의 채반은 재 넘어간다' 는 속담까지 생겼다. 이처럼 시집간 딸은 친정의 어려움을 아는지 모르는지 그저 남편만을 챙기려 든다 해서, '여자는 첫아이를 낳을 때까지 큰다' 고 철없음을 탓한다.

좀더 나은 혼처로 보내려는 부모의 마음도 모르고 철없이 그저 나이만 들면 양반집이 아니어도 병신이 아닌 사내라면 누구라도 좋으니 빨리 시집보내 달라고 조르는 혼기에 찬 딸의 마음을 그린 민요도 있다.

앞집이라 얼순이는
인물잘난 탓이든가
양반이라 그러한가
열살부터 오는중매
오늘까지 오건만은
이내나는 어이하여

반사십이 다되어도
중매할미 전혀없소
(중략)
우리부모 날길러서
잡아쓸까 구워쓸까
처녀이십 나이적소
앞집이라 곱순이는
열일곱에 시집간다
뒷집머슴 금동이도
내사좋아 내사좋아
양반신랑 내사싫고
인물풍채 마땅커든
하루바삐 정해주소[28]

28) 임동권, 『여성과 민요』,
1983, 집문당, pp. 32~33.

그저 시집가고 싶어 부모의 마음을 조금도 헤아리지 못하는
젊은 처녀의 모습에서 우리는 혼인을 둘러싼 여자의 고민과 갈
등을 읽을 수 있다.

## (3) 욕심 많은 여자

여자의 미숙함은 분수를 지키지 못하는 데 그치지 않고, 끝없
는 욕심으로까지 발전한다. 시집간 딸이 친정에 올 때마다 무엇
인가를 가져간다고 '귀여운 도둑' '예쁜 도둑' '산적 도둑'이라
일컬으면서도, 친정 부모의 반응 역시 만만치 않다. 남을 위한

女子

일에서도 자기 이익만을 탐내는 행동을 두고, '딸의 굿에 가도
자루 아홉을 가지고 간다' 고 하듯이 친정 어머니의 욕심도 결코
얕볼 게 아니다. 더구나 시집가면 그만인 딸보다는 돈을 먼저
챙기려는 어머니는 '딸의 속고쟁이는 못 입혀도 영감 두루마기
는 입혀야 한다' 고 생각한다. 여자인 딸에게 속고쟁이는 얼마나
소중한 것인가? 그러나 영감이 두루마기를 입어야 외출할 것이
고, 외출을 해야 돈도 벌어올 것이니 당연히 두루마기가 속고쟁
이보다 중요할 수밖에 없다.

　또한 어머니의 죽음으로 홀아비가 된 아버지의 후실 장가를
원망하는 딸의 마음이 나타난 민요도 있다. 죽은 어머니를 잊고
장가가는 아버지가 밉기도 하고 아버지를 빼앗기기 싫기에 아
버지의 모습을 고약하게 그리고 있다.

<blockquote>

장가가네 장가가네

쉰다섯에 장가가네

머리센데 먹칠하고

눈빠진데 불콩박고

이빠진데 박씨박고

코빠진데 골무박고

누럿누럿 호박꽃은

울담에라 넘나들때

그모양이 첫째로다

(후략)[29]

</blockquote>

## (4) 은혜를 모르는 여자

'어머니의 마음은 자식만 따라다닌다' 고 진자리 마른자리를 갈아 누이면서 곱게 키워 시집보낸 딸이 어머니의 고생은 안중에도 없이 그저 여필종부女必從夫라는 한마디 때문에 '딸의 채반은 재 넘어가고, 며느리 채반은 농 위에 둔다' 는 식으로, 딸이나 며느리나 부모보다는 제 남편을 더 소중히 여긴다. 그러나 남편과 아내의 관계도 영원히 이렇게 지속되지는 않는다. '계집 여럿 데리고 사는 사람이 늙으면 하나도 못 데리고 산다' 고 늙어 힘이 없어지고 돈도 떨어지면 모두가 언제 알았냐는 듯이 제 서방을 박해한다. 많은 여자들 중 틀림없이 귀염을 받은 여자도 있을 테고, '아내가 귀여우면 처갓집 말뚝 보고도 절한다' 고 처가집에도 소홀하지 않았을 것이다. 그러나 남편의 사랑은 모두 잊어 버리고 처첩 간의 갈등만이 남아 '아내가 여럿이면 늙어서는 생홀아비' 라고, 그 사랑했던 맘을 계속 간직하여 잘 해주는 아내는 거의 없다.

한편으로 며느리가 온갖 정성을 다해 섬길지라도 시어머니와 시누이는 그런 은덕을 조금도 고마워하지 않는다.

시어머니 방구는 잔소리방구
시누이 방구는 연지방구
시동생 방구는 유세방구
시악시 방구는 도적질방구

이렇듯 며느리의 힘든 시집살이를 시집 식구들은 모른 체하며, 시어머니는 잔소리나 늘어놓고 시누이는 같은 또래임에도 조금도 도와주지 않으며 그저 몸치장에만 열중한다. 게다가 그들의 당당한 유세에 며느리는 방구조차 마음껏 뀌지 못하고 몰래 처리해야 하는 불쌍한 존재다.

## (5) 수다스런 여자

여성의 또 하나의 속성엔 체질적으로 말이 많다는 것이 들어 있다. 아마도 여자의 수다는 동서고금을 막론하고 어쩔 수 없는 여성의 속성으로 받아들여지고 있는 듯하다.

'여자는 혀가 길고 남자는 손이 길어', 여자는 말이 많고 남자는 일을 많이 해야 하는 숙명을 부여받은 것일까? 예부터 여자는 얼마나 말이 많았던지, '여자 셋만 모이면 놋 양푼도 남아나지 않으며' '여자 셋만 모이면 접시가 엎치락뒤치락' 하다가 결국엔 '여자 셋만 모이면 접시 구멍도 뚫는다' 는 식의 속담으로까지 발전된다. 심지어는 '여자 셋만 모이면 사발도 말을 한다' 고 했다.[30]

따라서 여자의 이런 수다스러움에 대한 경고가 빠질 수 없다. '계집 입 싸기' 라고 여자의 수다스러움이 집안에 화를 불러일으키지 않을까 하는 마음에 '여자가 말이 많으면 과부가 된다' 고 직접적인 위협을, 또한 '여자가 잔소리가 많으면 집안이 망한다' 고 간접적인 협박을 가한다.

여자의 수다스러움에 대한 경계는 상대인 남성에게도 해당되

30) 여기에서 흥미로운 사실은 '셋' 이란 숫자다. 왜 하필이면 '둘' 도 아니고 '셋' 일까? 우리 의식에서 '삼' 이란 수는 '길수吉數' 이고 '신성수神聖數' 라 하여 최상의 수로 여겨졌다. 따라서 '삼' 은 완성, 안정, 조화를 상징하는 숫자다. 예를 들어, 전래 이야기에서 자주 접하는 삼신할머니, 불교에서의 삼보三寶, 그리고 우리나라 시조신인 환인·환웅·단군의 삼위일체적 개념에서 볼 수 있듯이 '삼' 이란 숫자는 우리 민족에게 신성함을 의미하는 숫자다. 그런데 왜 하필이면 수다스런 여인들을 표현하는 데 '삼' 이란 숫자가 사용되었을까? 가령 3일장, 3년상 등에서처럼 궂은 일에도 '삼' 이란 숫자를 사용하여 원만하게 극복할 수 있기를 바라던 조상의 간절함이 담겨 있는 것은 아닐까? 결국 여자의 수다도 집안에 피해를 주지 않고 그저 단순한 수다로 넘어가기를 소망하는 심정이 담겨 있는 것일 수도 있다.

는데 '아내한테 한 말은 나도, 소한테 한 말은 나지 않는다'고 아내에게 할말과 하지 않을 말을 신중하게 가려서 할 것을 남편에게 경고하고 있다.

## (6) 편협한 여자

속담에서 나타나는 여성의 속성으론 편협함도 있다. 여성이 눈앞의 이익에 집착하고 관용의 미덕을 보여주지 못하는 모습을 담고 있다.

시어머니의 입장에선 딸이나 며느리나 모두 같은 여성이지만, 피를 나눈 딸은 다른 집안으로 시집가버릴 남인 반면에 며느리는 죽을 때까지 한 지붕 밑에서 같이 살아야 할 한 식구임에도 '며느리는 감자 밭을 매게 하고, 딸은 무 밭을 매게 한다'는 속담도 있듯이 팔이 안으로 굽는다. 그러기에 '여자는 샘 보와 아 보를 빼면 서 근도 안 된다'[31] 는 속담으로 여자의 좁은 소견을 나무란다.

결국 시어머니가 며느리를 그렇게 학대하고 억압하는 것은 아들을 빼앗긴 질투심의 발로라고 해석된다.

이런 질투심은 '며느리 시앗은 열도 귀엽고 자기 시앗은 하나도 밉다'에서 극대화된다. 그런가 하면 며느리와 딸의 관계에서도, 딸의 시앗은 갖은 수단을 다하여 쫓아내려 하지만 며느리 시앗은 대代를 이어야 했기 때문인지 귀엽게 대해주는 모습에서 '딸의 시앗은 바늘 방석에 앉히고, 며느리 시앗은 꽃방석에 앉힌다'고 했다.

31) 샘 보는 질투심을 싼 보자기이고, 아 보는 아이를 배는 자궁을 의미한다.

女子

　　이처럼 대를 잇는 것이 중요하다면 당연히 외손자보다는 친손자를 귀여워하고 소중히 했어야 함에도 단지 친손자는 며느리의 자식이고 외손자는 딸의 자식이라는 좁은 소견으로 '딸 손자는 가을볕에 놀리고, 아들 손자는 봄볕에 놀리며' '친손자는 걷게 하고 외손자는 업고 간다'며 오히려 외손자를 더 귀여워한다.

　　이런 관계는 단지 시어머니와 며느리 선에서 그치지 않고 시누이와 올케 사이의 관계로까지 발전하여, 시누이의 혹독한 시집살이에 올케가 시누이를 미워할 수밖에 없을 지경까지 간다. 그러나 그들의 관계는 당대에서 그치지 않고 '시누이가 친정 조카는 키워도, 올케는 시누이 자식 못 키운다'고 후대에까지 그 사무침이 이어진다.

　　이처럼 시어머니는 친손자가 자기 제사를 지내줄 중요한 존재임을 망각하고, 올케는 시누이의 자식이 결코 자신을 업신여기거나 구박한 적이 없음에도 단지 그들의 어머니에게 학대받았다는 생각에 엉뚱한 분풀이를 한다. 따라서 여자는 사물을 넓게 생각하지 못하고 오직 한 가지 생각에 파묻혀 헤어나지 못하는 존재로 여겨져 '여자는 외곬'이며 '여자 속은 뱀 창자'라는 오명을 쓰게 된다.

　　여자의 좁은 마음을 체구에 비유한 다음과 같은 민요가 있다.

산이 높아야 골이 깊지
여자의 속 보나마나 뻔한 노릇[32]

32) 임동권, 『여성과 민요』,
1983, 집문당, p. 18.

또한 힘든 일에 늘 잠을 충분히 자지 못해 지친 며느리가 몰려 오는 졸음을 견디지 못하는 것을 보고, 관대한 시어머니라면 자 리를 비켜 편히 한숨 자도록 해줄 것이건만 앙칼지기 이를 데 없는 시어머니는 헛기침을 연발하며 며느리를 불편하게 한다.

> 잠아잠아 오지마라 시어머니 눈에난다
> 시어머니 눈에나면 임의눈에 절로난다
> 잠아잠아 오지마라 잠을자다 혼란본다
> 혼란이사 보자마는 오는잠을 어짤라고
> 늘애기메 잠잔다고 시어머니 송사나네
> 원수같은 이내잠아 너때문에 나죽겠다
> 제발비니 오지말고 멀리멀리 가려무나[33]

33) 앞의 책, pp. 102~ 103.

이렇게 며느리는 잠자는 것조차도 '말도 많고 흠도 많은' 행 실로 보여 시어머니의 트집거리가 되곤 한다.

## (7) 변덕스런 여자

그 다음으로 찾아볼 수 있는 여성의 속성은 변덕스러움이다. 그래서인지 변덕스런 겨울 날씨에 빗대어 '여자와 겨울 날씨는 믿을 수 없다'고 하고, 여자의 변덕을 그린 속담은 꼬리에 꼬리 를 물고 계속된다.

> 여자는 아침 상을 들고 오면서 열두 번 변한다.

女子

여자는 하루아침에도 열두 번 변한다.
여자의 마음은 하루에도 열두 번 변한다.

모두가 여자의 순간적인 마음 변화를 묘사하고 있다. 그런데 흥미로운 사실은 속담에서 거론되는 숫자가 모두 '열두 번'이라는 사실이다. 여러 수 중에서 '열둘'을 택한 데는 틀림없이 어떤 연유가 있으리라 짐작할 수 있다. 속담이 우리 의식의 반영이라 할 때 우리에게 '12'라는 수가 의미하는 바를 알아보는 것은 곧 민중의 사고에 접근해가는 것일 수 있다.

잘 알고 있듯이, 우리 민족은 저승에 가기 위해서 모두 열두 대문을 통과해야 한다고 생각해왔다. 각 대문마다 신장神將이 버티고 서 있어 통과하기가 무척이나 까다롭고 어렵다. 그럼에도 그 어려운 관문인 열두 개의 문으로 이루어진 저승길을 아침 밥상 들고 들어오는 짧은 시간 동안 통과할 만큼 이해하기 힘든 여자의 변덕을 상징적으로 그린 속담들이다.

이런 변덕스러움 때문에, '며느리가 미우면 손자도 밉다'고 느끼지만, 곧 마음이 바뀌어서 '며느리는 미워도 손자는 귀엽다'는 식으로 돌변한다. 그래서 '여자와 가재는 가는 방향을 모른다'고 여자의 행동을 신뢰하지 못했다.

민요에서도 여자의 변덕스러움을 노래한다.

씨아방은 구쟁이 넋이 나를 보면 새들컥한다
씨어멍은 점복의 넋이 나를 보면 오지직한다

씨누이는 코생이 넋이 나를 보면 호로록한다

서방님은 문개의 넋이 나를 보면 엉쿠정한다 [34]

이처럼 시어머니와 시누이는 변덕스럽고 경망스럽게 굴기 일쑤여서 며느리의 눈에는 그들이 소라처럼 곧지 못하고 배배 꼬인 심사를 지닌 인물로 비춰진다.

토라진다 토라진다

날만보면 토라진다

시어머니 시누이가

소라고동 넋인지

날만보면 토라진다 [35]

다시 말해서 즐겁게 있다가도 며느리만 보면 토라져 성질을 부리는 시어머니와 시누이의 변덕을 소라에 빗대어 풍자한 노래다.

## (8) 질투심 많은 여자

여자의 속성으로 빼놓을 수 없는 것이 바로 질투심이고 시기심이다. 남자에게도 질투심이 없는 것은 아니겠지만 그런 욕심을 성공욕이라 미화하는 데 반하여, 여자의 경우에는 그런 관용이 전혀 베풀어지지 않고 있다. 증거로 '계집 여럿 데리고 사는 사람은 들어가는 방마다 말이 다르다'고 각 방을 차지하고 있는

34) 앞의 책, p. 119. 제주도 민요로 다시 해석해보면, '시아버지는 소라의 넋인지 며느리를 보면 점잖은 척하고, 시어머니는 전복의 넋인지 실룩실룩해서 얼굴의 표정이 갑자기 변하기를 잘하고, 시누이는 고맹이의 넋인지 언제나 행동이 경솔하고 촐랑거리며, 남편은 문어의 넋인지 나만 보면 끈적끈적 달려든다'는 내용이다.

35) 앞의 책, p. 121.

여인마다 서로를 질투하고 시기하여 남편에게 거짓말을 한다. 그러나 '여자에게서 강짜를 빼면 서 근도 안 된다'고 했으니 그런 여자의 질투를 당연한 것으로 받아들이려 해도, 여자의 질투는 '계집 둘 가진 놈 창자는 호랑이도 안 먹는다'고 남편의 속을 무척이나 끓여, 결국 '여자가 한 집에 아홉이면 집안이 망한다'고 가정 파탄으로 치닫는다.

게다가 '시앗이 시앗 꼴을 못 본다'고 그들끼리의 시기와 질투가 극심하여 '시앗을 보면 길가의 돌부처도 돌아앉을 정도'라고 했다. 남편을 독차지하기 위해서 그들끼리 벌이는 투쟁에서 결국 이득을 보는 사람은 따로 있어 '시앗 싸움에 요강장수만 덕본다'고 여성의 질투심을 경고하는 옛 선조들의 가르침이 있었건만, 여성들의 시기심은 끝없이 이어진다. 그러기에 가계家系를 잇는 손자를 낳아줄 며느리에게도 시어머니의 질투가 쏟아진다. 얼마나 며느리를 감시의 눈으로 쫓아다녔으면 '며느리 새움에 발꿈치가 희어진다'는 말까지 생겼겠는가?

이처럼 여자의 시기와 질투는 항상 다른 여자를 향하고 있고, 특히 자기보다 더 많은 귀여움과 관심을 받는 여자에게 예외 없이 쏟아진다.

도화래야 도화라지
네가 무슨 년이 도화냐
복숭아꽃이 도화지

## (9) 감상적인 여자

여성은 이성적인 판단보다는 감상적인 직관에 더 많이 의존한다는 일반적인 여성관은 여전히 유효한 듯하다. 이런 여성관이 계속되는 이유는 물론 우리의 사회적 현실에서 찾아야겠지만, 지금과 같은 현실을 있게 한 우리의 의식 세계도 간과할 수 없다. 그런 의식 세계를 언어가 만들어낸다고 할 때, 예부터 내려온 우리 민중의 의식이 그대로 담겨 있는 속담에서 그리고 있는 여성의 모습은 충분히 연구해볼 가치가 있다.

다시 본론으로 돌아와서, 감상적인 직관에 의존하는 존재가 여성이라는 생각은 '여자는 세 발 앞도 못 본다'고 하여 여성을 근시안적 안목을 지닌 존재로 평가하기 때문이었다. '여자는 젊어서는 여우가 되고, 늙어서는 호랑이가 된다'며, 간사스럽고 객관적인 판단을 보류한 채 자기 주장만을 내세우는 여성의 모습이 그려진다. 따라서 며느리가 하는 일에 잘잘못을 냉정하게 판별하여 꾸짖기보다는 그저 단지 미운 며느리라는 선입관에 의거하여 '며느리가 미우면 웃는 것도 밉다'고 생각하니, 며느리도 이런 부당한 대우에 대하여 마땅한 분풀이 대상을 찾아야 했다. 가장 만만한 대상은 물론 자신보다 힘이 약한 존재여서 문제가 발생하면 어김없이 그 대상에게 화살이 날아간다.

> 며느리 구박은 아이 엉덩이 보고 안다.
> 시어머니 드센 집, 강아지 꼴이다.

좀더 심하면, '시어머니 미우면 남편도 밉다' 고 바깥에서 힘들게 일하고 돌아와 편히 쉬고 싶은 남편에게까지 강짜를 부린다. 이처럼 '여자의 소매는 마를 새가 없다' 고 눈물로 지새운 시집살이의 끝은 시어머니의 죽음과 함께 온다. 그토록 자신을 괴롭힌 시어머니의 죽음은 은연중에 기다려온 것이지만, 마음이 아픈 것도 인지상정일 것이다.

시어머니 죽었다고 춤추었더니
보리방아 물 붓고 나니 생각난다.

이런 여성의 모습을 감상적인 속성으로 치부하여 맺고 끊음이 분명하지 않다고 타박하기도 한다. 그래서인지 '여편네가 활수이면 벌어들여도 시루에 물 붓기' 라는 속담도 생겨 여성을 순간적인 충동에 사로잡히는 존재로 취급했다.

## (10) 독한 여자

때때로 여자는 남자로서도 상상하기 어려운 독한 면을 보여준다. 그래서인지 '여자가 한을 품으면 오뉴월에도 서리가 내린다' 는 말이 있다. 이 속담은 여자의 원한을 살 만한 행동을 하지 말 것을 남자에게 경고하는 것으로 들리지만, 거꾸로 독한 여자의 심성을 조금이라도 다독여보려는 의도가 담긴 글일 수도 있다. 어쨌든 '여자의 악담에는 무쇠도 녹을 정도' 이니, '여자의 원한은 그칠 줄을 모르는 것' 으로 받아들여진다.

또한 '과부 삼 년에 은이 서 말이고, 홀아비 삼 년에 이가 서 말'이라는 속담은 과부의 검약하고 조심스런 행실을 찬양하는 말로 들릴 수도 있지만, 그만큼 지독하게 '찬밥에 곯으며' 살아온 결과일 수도 있다. 그러니 '과부살이 십 년에 독사 안 되는 년 없다'고, 그토록 천시를 받으면서도 '퇴침에 은이 서 말' 되도록 돈을 모아, 아무리 가난한 사람에게도 '다섯 푼 빚을 내주는' 것이 아니겠는가.

살인 사건에서 남자의 개입은 당연한 일로 여겨지지만, 그 살인의 공범인 여자만을 독한 사람으로 부각시킨 '여자 안 낀 살인 없다'는 식의 말은 여성에 대한 차별상을 극명하게 보여주는 예다.

또한 시누이의 죽음을 두고 '나무라는 시어머니보다 말리는 시누이가 더 밉다'고 은근히 쾌재를 부르는 모습을 담은 속담도 있다.

> 잘죽었네 잘죽었네
> 요망하든 요시누야
> 옥식기에 밥을뜨니
> 오복소복 잘죽었네[36]

36) 최철, 『한국 민요학』, 1992, 연세대학출판부, p. 234.

여성의 독한 모습은 시앗을 보고서 살인까지 생각하는 본처의 마음을 담은 속담에도 나타난다.

女子

> (전략)
>
> 사생결단 내려하고
>
> 창칼갈아 품에품고
>
> 아애종아 앞서거라
>
> 어른종아 뒤서거라
>
> 등넘어라 가자세라
>
> 곱은길을 굽게가고
>
> 곧은길을 곧게가서
>
> 쏜살같이 달려가서
>
> 첩의집에 찾아가니
>
> (후략) [37]

37) 임동권, 『여성과 민요』, 1983, 집문당, pp. 22~24.

여성의 원한은 따뜻한 오뉴월에도 서리를 내리게 할 만큼 쉽사리 사그라들지 않고, 깊은 정신적 갈등에 고뇌하다 결국엔 최악의 수단까지 강구하는 모습을 보여준다.

## (11) 흔들리는 여자

마지막으로 찾아볼 수 있는 여자의 속성은 바람에 흔들리는 가랑잎처럼 줏대 없이 흐느적거리고 방황하는 모습이다. 하지만 속담에서는 그런 모습을 화냥기라고 하여 여자의 본성에까지 연결시켜 더욱 충격적이다. [38]

38) 우리는 3장에서 프랑스어에서 '아내'를 뜻하는 femme가 '창녀'로도 쓰일 수 있음을 살펴보았다. 즉 동서고금을 막론하고 남자의 외도는 전혀 문제시하지 않는 반면, 여자의 외도는 곧바로 화냥기를 못 버린 창녀 근성으로 연결시켰다.

'계집 싫어하는 사내 없다'고, 남자는 어떤 여자든 이성異性으로 보는 경향이 있다. 그러나 그런 남성을 욕하기보다는 오히

려 '여편네는 돌아다니면 버리고 그릇은 빌려주면 깨진다' 고 여
자의 실수를 부각시킨다. 하지만 이것은 절개를 지킨 여인에게
세워준 열녀문이 있었던 것으로도 알 수 있듯이 절개를 지킨 여
자가 얼마나 희귀했던가를 역설하는 반증일 수 있다. 그런 까닭
에 '여자와 바가지는 내돌리면 깨지고' '여자와 접시는 밟으면
깨지며' '여자와 볶은 콩은 곁에 있으면 먹는다' 고 여자에게는
'제 고장 장날을 몰라야 팔자가 좋다' 는 말도 있듯이 그저 집안
에 틀어박혀 있기를 강요한다. 이처럼 '계집과 숯불은 새것이면
탈난다' 고 여자는 남자의 유혹에 쉽사리 넘어가는 약하고 흔들
리기 쉬운 존재로 그려진다. 이런 속담에서는 여자가 하나의 목
표를 향해 굳은 마음을 지키지 못하고, 갈대처럼 흔들리는 변덕
스런 존재임을 보여줌으로써 여성의 단점들을 부각시키려 한
의도가 담겨 있다.

## (12) 체념하는 여자

이상에서 살펴본 바와 같이 속담이나 민요에 나타난 대로 여
자는 분수를 모르고 탐욕을 내세우며, 좁디좁은 마음으로 전혀
예상할 수 없는 변덕과 시기와 질투에 가득 찬 행동을 보여주는
일관성 없는 존재로 보아 남자에게 보호받고 길들여져야 한다
는 논리를 합리화한다. 그래서 집안의 화평을 위해서 '여자는
사흘에 한 번씩 맞아야 사람이 된다' 는 속담까지 생겨났다. 이
처럼 철저하게 길들여진 여자에게는 조용한 음성과 다소곳한
행동이 강요되었다. '여자 소리가 울을 넘어가면 집안이 망한

다'고 여자가 집안에서 소리치는 것 자체가 용납되지 않았다. 그뿐 아니라 '여자 음성이 크면 과부가 된다'고 위협을 가하고, 과부가 되어도 마음놓고 우는 것마저 허락하지 않았다. 이처럼 울고 싶어도 울지 못하고 차라리 웃음을 띠어야 하는 여성들에겐 '여자의 웃음은 주머니의 눈물이다'라며, 체념과 순종이 강요된다.

이런 체념과 순종을 미덕으로 가르치며 딸을 시집보내는 어머니의 심정을 그린 민요를 소개하며 여자의 숙명을 보여주고자 했던 이 글을 마친다.

딸아딸아 애기딸아
부대부대 조심해라
지아비는 하늘이요
지어미는 땅이로다
만리장천 높은하늘
땅이어찌 겨룰쏘냐
딸아딸아 애기딸아
부대부대 조심해라
엎진물을 담을쏘냐
풀각시 어린신랑
그아니 점잖은가
저아래 개똥어미
너도잘 알다시피

무슨배떡 그리고파
떡을먹고 국마시고
방귀뀌고 트림하고
눈을떠서 휘드르고
기지개 켜고
시부모말씀 발악하고
그런행동 하지말고
부대부대 조심해라
여자의 도리에는
효행부모 더있느냐
현성군자 행하여서
풀각시 어린신랑
넘보지 말것이며
시집살이 잘하기를
부대부대 바라온다 [39]

39) 정동화, 『민요에 나타난 한국인의 의식』, 1983, 한국방송사업단.

# 5장
## 대중가요 속의 여성과 남성

    우리는 4장에서 속담과 민요를 바탕으로 과거 우리 조상들의 의식 속에 담겨 있던 여성상을 살펴보았다. 특히 옛 사람들의 의식 속에 못박힌 여자의 속성들은 어느 것 하나 바람직한 인간상이라 여겨질 수 없을 정도로 편파적인데, 이는 과거의 여성이 이성적인 존재로 대우받지 못했음을 보여주는 것이다.

    이제 우리는 현재 유행하는 대중가요의 노랫말을 중심으로 현대의 여성상을 살펴볼 것이다. 현대인의 의식 세계 속에 담긴 여성상을 분석해보기 위한 가장 바람직한 방법은 현대를 살아가는 사람들이 사용하는 대화를 연령이나 계층별로 살펴보는 것이다. 하지만 여성에 대한 의식을 특별히 반영해주는 대화를 선별하기가 쉽지 않고, 설사 있다 하더라도 같은 연령층에서 사용하는 어법과 연장자 혹은 연소자 간의 대화에서 사용하는 어

법이 다를 뿐만 아니라, 처한 상황에 따라 대화의 패턴도 변할
수 있기 때문에 대화를 통해 현대 여성에 대한 의식을 분석하기
란 실제로 매우 어렵다.

또한 현대사회에서 제기되는 여성문제를 다룬 여성문학을 우
리의 분석 자료에서 제외한 데도 나름대로 이유가 있다. 우리가
원하는 분석 자료는 특별한 목적 의식의 개입 없이 현대의 여성
상을 가장 잘 반영하는 언어다. 다시 말해서 여성문학의 범주에
속하는 소설이나 희곡은 여성문제를 부각시키려는 작가의 분명
한 의도가 숨어 있기에 그것에서 여성문제를 추출한다면
작위적인 냄새가 날 것이고, 우리의 분석 의도에도 어울리지 않
는다.

따라서 현대인의 의식 세계에 스며들어 있는 여성상을 아주

철저하게는 아닐지라도 일정 정도 사실적으로 보여주는 언어 자료로 대중가요의 노랫말을 선택했다. 대중가요는 앞서 말한 일상적인 대화나 여성문학과는 분명히 다르다. 또한 대부분의 가요가 사랑을 노래하고 있다는 점에서 여성문제의 다양함을 살펴보는 데 한계가 있다는 점을 인정한다. 하지만 민요와 마찬가지로 곡조가 있어 누구나 접근하기 쉽고, 그 노랫말을 음미해 볼 수 있는 여유를 갖는다는 장점도 있다.

특히 우리가 분석 대상으로 대중가요를 선택하는 것에는 분명한 이유가 있다. 대중가요는 만들어지는 순간부터 대중의 사랑을 받고자 하는 의도를 지닌다. 대중가요를 작곡하고 노랫말을 짓는 이들 중에서 이런 것을 무시한 채 그저 아무렇게나 만들어내는 예술인은 없을 것이다. 그러기 위해선 곡조와 노랫말 중 어느 것 하나 소홀히 할 수 없고, 또한 대중과의 거리를 최대한 가깝게 할 수 있어야 하므로 대상층의 의식 세계를 반영함에도 소홀함이 없어야 한다. 특히 곡조는 그런 의식 세계를 분명하게 반영한다. 그래서 가요계는 크게 두 계열로 나누어져 있다. 하나는 중·장년층을 대상으로 하는 전통가요, 일명 트롯 계열이고, 다른 하나는 젊은 층을 대상으로 하는 발라드, 고고,

디스코, 록, 펑키, 레게 등의 계열이다.[1]

　하지만 우리가 분석의 대상으로 삼고자 하는 자료는 곡조가 아니다. 언어학적 측면에서 곡조 역시 하나의 언어 세계로 볼 수 있지만, 일반적인 상식에서는 오로지 말이나 글로 표현된 것만이 언어이기 때문에 우리의 분석 자료가 노랫말로 한정됨은 자연스러운 일이다. 비록 대중가요의 주제가 주로 사랑에 관련된 것이긴 하지만, 적어도 그 노랫말 속에서 남녀간의 사랑이 시대적인 흐름에 따라 어떻게 바뀌고 있는지 살펴봄으로써 과거 여성에 대한 인식이 현재는 어떻게 변했는지 살펴볼 수 있으리라 생각한다.

　이런 대중가요의 노랫말을 중심으로, 우리나라가 근대화되던 시점에서 지금까지 여성의 모습이 어떻게 그려져왔는가를 분석해보는 것도 흥미 있는 일임에 틀림없다. 그러기 위해서는 트롯풍의 전통가요가 주된 대상이 되어야 할 것이다. 하지만 여기서는 여성운동이 본격적으로 시도된 이후의 여성상을 살펴보는 것이 목적이므로, 전통가요에 나타나는 여성상의 분석에만 국한한다면 단순히 전통적인 여성상에 대한 고찰에 그치고 말 것이다. 따라서 우리는 90년대, 특히 이 글을 쓰는 시점에서 유행

1) 그러나 '젊은 층이 즐기는 노래가 이것이고, 중·장년층이 즐기는 노래는 이것이다'라고 단순화시킬 수는 없다. 다만 전체적인 분위기가 그렇게 흐르고 있음을 말하는 것이다.

하는 가요, 즉 중·장년층의 기호를 반영하는 전통가요와 젊은 층의 의식을 반영하는 가요를 대상으로 삼아 현대의 여성상을 살펴볼 것이다.[2]

속담과 민요에 비친 여성의 모습과 비교하여 여성에 대한 인식이 어떻게 변했는가도 살펴볼 것이다.

만약 우리가 가정하는 대로 대중가요의 노랫말이 동시대인의 의식 세계를 충실히 반영해준다면, 이러한 비교는 곧 여성운동이 경제적·정치적·법적인 차원에서 뿐만 아니라 일반 대중의 의식 세계에서, 즉 대중가요를 즐기는 평범한 사람들의 의식 세계에서 어떤 효과를 거두고 있는지 확인해보는 기회가 될 것이다.

女子

# 1. 여자 여자 여자

일반적으로 대중가요의 노랫말이 지닌 커다란 특징은 그 주체가 남자인지 여자인지 명확하지 않다는 점이다. 우리는 그 노래를 부른 가수가 남자인가 여자인가에 따라서 전체적인 분위기를 기준으로 하여 그 주체의 성性을 결정한다. 이런 성의 불분명함은 시대상의 반영이라고도 여겨진다. 왜냐하면 남녀를 막론하고 누구나 즐겨 부를 수 있는 노래에서 그 주체를 명확히 할 경우, 목표로 하는 대상층이 그만큼 좁혀지기 때문이다.[3]

그러나 주체의 성별이 분명한 경우도 없지 않다. 성의 구분을 분명히 하면서 남성과 여성의 차이를 적나라하게 보여준 대표적인 가요로는 지금도 노래방에서 애창되는 심수봉의 '남자는 배, 여자는 항구'가 있다.[4]

3) 4절에서는 현대가요에서 주체의 성을 분명하게 결정 지을 수 없게 된 이유를 좀 더 다른 각도로 살펴볼 것이다.

4) 이 노래는 항구의 상징성 때문에 실제로 여성학을 강의하는 각 대학에서 여성에 대한 차별을 보여주는 대표적인 가요로 '희망사항'과 더불어 지적하는 작품이다. 하지만 우리는 이 가요의 노랫말을 분석하기보다는 여성의 속성을 보여주는 각각의 노랫말들을 모아보려 한다.

이 노래는 부두에서의 이별 장면을 그리고 있다. 남성은 자유롭게 떠나갈 수 있는 배에 비교되어, 이별의 아쉬움을 안고 떠나지만 돌아서면 자유와 해방을 맞이한 기쁨에 웃음 짓는 존재로 그려진다. 반면에 여성은 다시 돌아오기를 기다리며 배를 떠나 보내는 항구에 비교되어, 언제나 이별의 아쉬움을 안고 기다림에 한숨 짓는 존재다.

사랑하는 남자를 돌아오기를 손꼽아 기다리는 여성에게 남자의 사랑은 그만큼이나 필요하고 소중한 것이다. 그러므로 그런 남자의 품안에 다시 안길 행복을 꿈꾸며 자기만의 남자가 베풀어줄 사랑을 기다린다.[5] 게다가 그런 사랑만이 여성의 멍든 가슴을 낫게 해주는 유일한 치료제[6]다.

기다림에 지친 여성에게 남는 것은 한숨과 눈물뿐이다. 1993년 가요계를 강타했던 김수희의 '애모'도 이 범주에서 벗어나지 않는다. 이 노래가 10대가 주도하는 가요계의 판도를 바꿔 각종 가요 프로그램에서 상위권을 지킨 이유로는 김수희의 호소력 있는 가창력도 무시할 수 없지만 그 노랫말에도 큰 비중이 있었다.

'그대 가슴에 얼굴을 묻고 오늘은 울고 싶어라'로 시작하는 이 노래는 참아내야 하지만 그러기에는 너무도 힘든 여자의 고통을 얘기한다. 사랑했던 사람을 잊으려 애쓰지만 두 눈은 눈물로 젖어들고, 사랑하기에 아무런 말도 하지 못하고 침묵을 지켜야 한다. 그래도 사랑했던 남자의 여자임을 고백하고픈 까닭에 그 남자가 자기의 기억 속에 지워지지 않는 한 영원히 자신의

5) 설운도 '여자 여자 여자'.

6) 현철, '들국화 여인'.

女子

남자임을 마음속으로 다짐해보는 것이다. 오로지 한 남자만을 그리워하며 청상과부로 늙어야 했던 과거의 모습과 크게 다를 바 없다. 달라진 점이 있다면 어색한 미소를 지은 채 작은 손을 흔들며 이별을 고한 여성의 눈물과 등을 돌리고 뒤돌아선 여성의 모습에 가슴 아파하는 남성의 기억이 덧붙여진다는 점이다.[7]

7) 김성호, '회상'.

이렇듯 눈물 짓는 여성에 대한 묘사는 1990년대 젊은이들의 노래에서도 달라지지 않고 그대로 나타난다. 밤이 찾아와 잠을 이루려 할 때면 어김없이 떠오르는 사랑하는 여인은 금방이라도 눈물을 쏟을 듯하다.[8] 하지만 새로운 천년시대의 여인은 조금 달라졌다. "니가 날 버렸을 때 서러운 눈물을 삼키며 나도 너를 버렸지"(장나라, '눈물에 얼굴을 묻는다')라며 복수한다. 그렇다고 기다리는 여인의 모습까지 사라진 것은 아니다.[9]

8) E.O.S., '꿈, 환상 그리고 착각'.

세월이 지나면 잊혀질 것이라는 위로의 말도 소용없어 여성은 눈물을 그치지 않고 누군가를 달래주고 감싸줄 사람을 찾게 된다.[10] 하지만 그런 남자를 찾았다 하더라도 여성의 고통은 여기서 끝나지 않는다. 언제나 자기 중심적인 남성 때문에 여성은 또 다른 고통에 빠진다. 혹시 과거의 흔적이 남자에게 밝혀져서 상처를 입을까 두려워 감추려 하지만 남자는 고집스레 그 과거를 캐내려고 한다. 지금은 오직 당신만을 사랑한다고 달래보지만 과거를 캐려는 남자의 이기심 때문에 여성은 잊고 싶은 과거를 다시 기억해야 하는 괴로움을 맛본다.[11]

9) 장나라, '글루미 선데이'.

10) 현철, '들국화 여인'.

여기까지는 과거의 여성처럼 고통 속에서 세월을 보내는 한 많은 여성의 모습이다. 하지만 이런 강요를 받는 현대 여성은

11) 최진희, '슬픈 고백'.

과거의 여성들과는 달리 반발심을 드러낸다. 그들은 옛 연인을 다시 만나고픈 마음을 솔직하게 노래한다. 가슴에 묻어둔 과거의 남자를 다시 떠올리고 그와 자주 만나던 장소를 기억하며 지금의 모든 것을 떨쳐버리고 단 한 번만이라도 다시 만나고 싶어 한다.[12]

이런 반응은 과거의 여성에게서는 상상조차 힘든 일이었다. 그저 사랑 때문에 침묵해야 할 남자의 여자[13]였던 과거의 여성들과는 달리 헤어졌던 남자와 단 한 번만이라도 어떻게 살았는지 이야기를 나누며 옛날에 거닐었던 거리를 걷고 싶은 여자로 변모했다.

그러나 우연히 과거의 남자와 마주쳤다 하더라도 아직은 용기가 없어 냉담한 얼굴로 돌아선다. 그래도 과거의 기억을 떨쳐버리지 못해 눈에 이슬이 맺히는 정 많은 여자다.[14]

이처럼 현대 여성도 과거의 추억을 쉽게 떨쳐버리지 못하는 존재로 그려진다. 헤어진 남자의 슬픈 미소가 저녁 하늘에 보이고, 그런 남자의 모습이 너무도 그리워 저녁이 찾아든 어둠 속에서 과거의 사랑을 일깨워 그때의 아름다웠던 추억을 회상한다.[15] 가끔 모든 것을 잊듯이 사랑했던 남자의 모습을 잊어보려 하지만, 이별할 때만큼이나 쉽게 잊을 수 없음을 고백한다.[16]

그러나 여성에게 이별 역시 쉬운 것만은 아니다. 사랑하는 남자가 가슴속 깊이 느낄 수 있도록 사랑한다고 말해주기만 한다면 언제까지라도 기다릴 수 있으며, 힘겹더라도 마음만은 영원히 변치 않으리라는 순정을 간직한다.[17]

12) 최유나, '밀회'.

13) 김수희, '애모'.

14) 박광현, '재회'.

15) 신윤정, '잊을 순 없는 거야'.

16) 양수경, '잊어야 할 때'. 물론 과거의 추억을 쉽게 잊지 못하는 것은 남자 역시 마찬가지다. 다만 대부분의 가요가 앞에서도 언급한 것처럼 그 주체의 성을 분명하게 판별하기 어려워 여성임을 분명하게 알 수 있는 부분을 지적한 것일 뿐이다.

17) 최연제, '너의 마음을 내게 준다면'.

그런 순정은 결국 과거의 사랑에 대한 미련이며 아쉬움으로 표현된다. 바삐 흘러가는 시간 속에서 잊어보려 하지만 찬비 맞은 작은 새로 비유되는 여성은 결국 이별은 그리움의 시작이라고 고백한다.[18]

그래도 현대 여성은 그리움을 딛고 일어서려 애쓴다. 보고 싶다고 울지 않겠다고 다짐한다. 하지만 혼자서도 외로움을 잘 견뎌낼 것이라 다짐하면서 삶이란 기다리며 살아가는 것이라고 위안을 삼는다.[19]

이런 모습은 적어도 사랑하는 남자에 대한 여성의 마음가짐이 과거의 여성이 지녔던 것과 다름없음을 보여준다. 하지만 현대 여성에게서 달라진 모습이 있다면 사랑하는 남자에게 자신의 의견을 적어도 부탁하는 어조로 건네보는 용기다. 예를 들어 과거의 여성이었다면 상상조차 못할 일이겠지만 현대 여성은 남편에게 비록 자신보다 훨씬 예쁜 여자를 보더라도 외도할 생각 말고 그냥 참고 살아달라고 부탁한다.[20] 적어도 남자에게 "그대는 내 사람"이라고 요구하며 자기를 잊지 말아달라고 요구한다.[21]

하지만 과거나 지금이나 젊은이들이 좋아하는 가수의 노랫말에서 남성과 여성은 전혀 다른 모습으로 나타난다. 남성은 자기 마음대로 이별을 고하면서도 여성을 위한 것인 양 핑계를 대고, 여성에게 인간적인 대우를 해주기보다는 여성 위에 군림하는 태도가 남성적인 성향인 양 인식하고 있어 여성의 생활에 사사건건 간섭하면서도 무심한 모습이다. 반면에 여성은 남성에게

18) 나현희, '네가 없는 세상'.

19) 장나라, '혼자서도 잘해요'.

20) 박주연, '내가 설마 결혼을'.

21) 장나라, '물망초'.

보다 책임 있는 행동을 원하면서도 제발 외면하지만 말고 자신을 사랑하고 지켜주기를 원하는 연약한 모습으로 그려진다.[22]

그래서 여성은 인형이고, 남성은 그 인형을 지켜주는 기사로 비유되기도 한다. 어두운 밤이 무서워 떨고 있는 여성의 두 손을 꼭 잡아줄 기사로서 남성이 등장한다.[23]

이처럼 현대의 여성은 아직도 남성의 보호가 필요한 존재다. 하지만 여성은 남성의 야망에 비해 하찮은 존재에 불과하다.[24] 따라서 여성은 예나 지금이나 자기 편이 아무도 없어 언제나 혼자임을 운명적으로 받아들이는 서글픈 존재로 그려진다.[25]

남성은 서로가 만든 과거 속에서 여자의 마음에 슬픈 상처를 남겼지만 그에 대한 절반의 책임마저 모른 체하고 한순간의 추억으로 돌려버리는 무심한 존재인 반면에,[26] 여성은 기억 속의 추억을 가슴속 깊이 간직하며 미련과 아쉬움을 쉽게 떨쳐버리지 못한다.[27]

22) 015B, '그의 비밀'.

23) NEXT, '인형의 기사, part II'.

24) 이승환, '덩크슛'. 이 노래에서 한 남자가 예쁜 여자친구를 갖는 것보다 평생에 단 한 번만이라도 덩크슛을 할 수 있기를 꿈꾼다. 그런데 여기에서 예쁜 여자친구가 빨간 자동차와 동치의 대상으로 놓이면서 비교되고 있다는 사실을 간과해서는 안 된다. 달리 말해서 남성의 소망(덩크슛)에 비할 바가 못 되지만, 생명 없는 자동차와 동격에 놓인다는 점은 여성의 사물화를 아무 의식 없이 표현한 노랫말이 아닐 수 없다.

25) 김수희, '운명'.

26) 최유나, '흔적'.

27) 윤익희, '기억 속의 너'.

## 2. 희망사항

90년대 초에 어린아이에서부터 노인에 이르기까지 흥겹게 부른 대중가요 중에 '희망사항'이 있다. 이 노래가 그처럼 세대의 구분 없이 사랑받았던 이유로는 빠른 곡조뿐만이 아니라 흥미를 유발하는 노랫말 역시 큰 역할을 했다. 그런데 그 노랫말이 남성이 바라는 여성의 모습을 담고 있어 주목하게 된다. 우선 그 노랫말을 그대로 옮겨놓고 남성이 바라는 여성상이 어떠한 것인가를 살펴보자.

청바지가 잘 어울리는 여자
밥을 많이 먹어도 배 안 나오는 여자
내 얘기가 재미없어도 웃어주는 여자

난 그런 여자가 좋더라

머리에 무스를 바르지 않아도 윤기가 흐르는 여자
내 고요한 눈빛을 보면서 시선을 맞추는 여자
김치볶음밥을 잘 만드는 여자
웃을 때 목젖이 보이는 여자
내가 돈이 없을 때에도 마음 편하게 만날 수 있는 여자
멋내지 않아도 멋이 나는 여자
껌을 씹어도 소리가 안 나는 여자
뚱뚱해도 다리가 예뻐서 짧은 치마가 어울리는 여자

내가 울적하고 속이 상할 때
그저 바라만 봐도 위로가 되는 여자
나를 만난 이후로 미팅을 한 번도 한 번도 안 한 여자
랄라……
난 그런 여자가 좋더라

이 노래에서 보듯이 남성이 바라는 여성의 모습은 현재 여성
운동권에서 제기하는 여성의 사회적 능력에 대한 이상理想과는
전혀 다른 방향으로 설정되어 있다. 남성이 바라는 여성상은 외
적으로는 성적 매력이 물씬 풍기는 여자, 가정에 충실하여 말없
이 남성의 뒷바라지에 전념할 수 있는 여자, 그리고 일편단심으
로 남편만을 기다리며 살아가는 여자다. 즉, 신세대 젊은 남성

들의 의식 구조를 분석해보면 여성을 바라보는 시각이 과거의 남성들에 비해 크게 달라진 바가 없다고 말할 수 있다.

여성에게 인간으로서는 도저히 도달할 수 없는 초인적인 인내심과 더불어 빼어난 외모까지 꿈꾸는 남성들의 바람은 오랜 시간의 강이 흘러갔음에도 거의 변화가 없다. 여기에서 우리는 언어가 현재의 사회상, 다시 말해서 여성을 억압하고 차별하려는 경향을 유지시키는 데 기여한다는 가정을 다시 한번 확인할 수 있다.

언어는 그 시대의 상황을 반영한다. 달리 말하면 언어가 먼저인가, 사회상이 먼저인가를 결정하기 힘든 경우가 있다. '희망사항'의 경우도 예외가 아니다. 우리는 그 노래의 마지막에 들려오는 여성의 목소리를 기억한다.

> 여보세요, 날 좀 잠깐 보세요
> 희망사항이 정말 거창하군요
> 그런 여자에게 너무 잘 어울리는
> 난 그런 남자가 좋더라

전근대적인 여성상을 기대하는 남성들에게 현대 여성들은 반발한다. 그런 여자에게 잘 어울리는 남자만이 여성을 선택할 권리가 있다고 말한다. 그러나 그런 반발 자체에서도 문제가 발견된다. 즉 '그런 여자에게'라는 가사에서처럼 여성 자신도 남성이 추구하는 여성상이 바람직한 여성의 모습인 양 인정하고 있다. 바람직한 여성의 모습은 능력 있는 여성보다는 뛰어난 외모, 성적인 매력, 행동이 조심스런 여자다. 이처럼 과거의 남성만이 아니라 현대인의 의식 속에도 여성에 대한 바람은 과거의 여성이 지녀야 했던 운명론적 관점에서 크게 벗어나지 않고 있다. 이 점에서 여성이 바라는 남성상을 그린 가요는 여전히 침묵의 강에 빠져 있을 뿐, 솔직하고 대담하게 표현될 여지가 없다. 반면 현대 남성이 바라는 여성의 모습은 갖가지 형태로 나타나는데, 여성의 능력보다는 외형적인 꾸밈과 조심스런 행실만이 언급되고 있다.

진한 립스틱을 바르지 않아야 하고, 혹시라도 남자보다 키가 커 보이지 않도록 하이힐의 높이를 조절할 수 있어야 하며, 남자가 전화를 끊기 전에 먼저 끊어서는 안 되고, 남자에게 멋있다는 말 정도는 할 수 있는 애교스런 여자이기를 바란다.[28] 남성을 평생의 후원자로, 그의 바람에 맞춰 살아가려는 여성은 비록 그녀가 현대에 살고 있지만 과거의 여성과 다를 바 없다. 무엇 하나 마음껏 선택할 수 없고 남성의 기준에 따라 모든 것을 판단하고 행동에 옮기는 종속적인 인간으로 남는다. 그러나 현대 여성은 더이상 이런 모습에 안주하지 않는다. 당당하게 자기 주장을 하고, 자기만의 아름다움을 만들어가는 주체적인 인간으로 살고자 한다. 하지만 남성은 여전히 기득권을 지니고 있기에 그런 변화에 익숙지 않은 보수적인 모습을 보인다.

예를 들어 누군가의 소개로 남성이 여성을 처음 만나는 순간, 여성에게 기대하는 모습은 긴 머리를 단정하게 빗고 무릎을 가

28) 삶. 사람. 사람, '프레시
맨의 사랑'.

릴 정도의 긴 치마를 입고 의자에 다소곳이 앉아 있는 모습이다. 그러나 신세대 여성은 그런 고정관념을 단호히 거부한다. 머리칼을 짧게 자르고 찢어진 청바지를 입을 만큼 자기 표현이 강하고, 가만히 의자에 앉아 남에게 평가받기보다는 동등한 시선으로 상대 남성을 스스로 평가할 만큼 자신감에 찬 모습을 보인다. 그런 여성의 모습은 그간 당연한 것으로 여겨왔던 전통적인 여성상과는 너무도 달라 남성을 당황하게 만들고도 남는다.[29] 비록 남성의 기대는 저버렸다 할지라도 자신만의 개성을 연출할 줄 아는 여성, 즉 남성이 정한 기준대로 살아가기를 거부하는 여성의 모습이 등장한다. 하지만 남성도 시대의 흐름을 거스르며 잠자코 앉아 있을 수만은 없다. 여성을 더이상 남성만을 위해 존재하는 인형으로 보기보다는 동등한 인간으로서 조금씩 서로에게 다가서는 것이 오히려 더 남성다운 모습인 것으로 인식하기에 이른다.[30]

어쩌면 이러한 인식의 변화는 시대의 변화에 따라 여성에게 바라는 남성의 기대감이 변화한 것으로 해석할 수도 있다. 촌스러운 모양새에 센스조차 무딘 여성에게 끌려 결국 그런 여성을 세련된 자기만의 공주로 여기며 상대의 모습을 인정하고 닮아가려 애쓰는 인간 중심적 남성의 모습이 있는가 하면,[31] 짙은 화장을 하고 남의 이야기에 전혀 귀를 기울이지 않는 여성에게 끌려 들어가는 무기력한 남성의 모습이 있기도 하다.[32] 이것은 분명 그런 여성의 모습이 마음에 들지 않음에도 아무 말없이 받아들이고 참아내야 하는 현대 남성의 무기력한 모습이다.

29) 김건모, '첫인상'. 어쩌면 이렇게 변화한 여성의 모습이 자신감에 차 세상을 살아가는 신세대 여성상을 반영하는 것일 수 있다.

30) 삶. 사람. 사람, '프레시맨의 사랑'.

31) 노이즈, '내가 널 닮아갈 때'.

32) 노이즈, '변덕스런 그녀'.

이렇게 변화한 남성은 자기 표현이 강한 여성 앞에선 오히려 체념적인 모습을 보인다. 톡톡 튀는 말투로 상대방을 피곤하게 만들고, 약속시간에 늦고서도 먼저 화를 내면서 두루뭉술하게 넘어가버리는 그런 여성을 변화시키려 하기보다는 그저 체념하고 인정한다.[33]

그러나 문제는 여성의 변화된 모습이 결코 바람직하지 못한 방향으로 묘사되고 있다는 점이다. 또한 일반적인 관점에서 보아도 사회적 능력이 있고, 정신적으로 독립된 여성의 모습을 보여주기보다는 무기력하고 쉽게 체념에 빠지는 약한 남성을 딛고 일어서는 반항적인 여성으로 그려지고 있다. 약속시간이라는 사회적 규범을 무시하고, 상대를 존중해주어야 하는 사회적 사회적 예의도 무시해버리는 여성이 마치 현대를 살아가는 여성의 모습인 양 그려진다. 그러면 사회적 규범에서 남녀관계가 변했을까? 적어도 노랫말에서는 변하지 않는다. god의 '떠나지 못하는 이유'에서 그 증거를 찾을 수 있다. god는 여자의 바람기에 불평을 떠뜨리고 나무란다. "꼭 이런 여자밖에 없나 더 참한 여자나 진실한 여자들은 다 어디 있나. 정말 나 화가 나서 참을 수 없어."라고 투덜댄다. 이 정도에서 끝나면 사회적 규범을 무시한 여인에 대한 분노쯤으로 해석할 수 있다. 하지만 이 노래의 첫 부분, 중간 부분, 그리고 끝 부분, 무려 세 번에 걸쳐 여자를 성적 노리개로 전락시키는 노랫말이 등장한다.

"…그 무엇보다 너의 키스가 좋아서 너를 만나. 뭐니뭐니해도 니가 싫지만 너의 손길이 좋아서 너를 만나 …난 너의 키스만

33) 노이즈, '변덕스런 그녀'. 뒤에서 다시 언급되지만 이처럼 사회적 규범마저 무시하는 여성에게 끌려 들어가는 남성의 모습은 현대 남성이 지닌 무기력증을 옹변해주는 것일 수 있다. 이처럼 무기력증에 빠진 남성의 모습이 '마마보이'라는 노래에 반영되고 있음을 살펴볼 것이다.

난 너의 손길만 피할 수 있으면 난 헤어질 수 있어!"

이런 노랫말에도 god의 여성팬은 환호한다. 노랫말은 생각지 않기 때문일까?

이처럼 인간적인 삶의 양태를 무시한다면 여성은 강하게 자기 표현을 하는 개성 있는 여성으로 이해받을 수 없다. 따라서 우리가 인용하는 가요에 나타난 그런 여성의 모습은 남성의 바람에서도 벗어나는 것이다. 무능한 남성만이 체념하고 받아들이는 여성의 모습일 뿐이다.

예나 지금이나 제대로 된 남성이라면 자신이 원하는 여성을 찾아 적극적인 행동을 보인다. 반면에 여성은 그런 행동을 아무런 저항 없이 받아들이는 소극적 존재일 뿐이다. 남자가 항구를 찾아 이곳저곳을 떠도는 배에 비유되고 여자는 그런 배를 기다리는 항구에 비유되는 것도 바로 이런 의식을 반영한 예다. 따라서 남성은 이 여자, 저 여자와 떳떳하게 즐겁고 한가로운 시간을 보낸다. 혹시나 다른 사람들의 눈에 띄지 않을까 두려워하지도 않고, 미안한 감정이나 죄책감을 느끼지도 않는 뻔뻔한 모습을 보인다. 오히려 남성이라면 당연히 겪을 수 있는 인생의 체험 정도로 여길 뿐이다.[34] 그뿐 아니라 바로 곁에 자기만의 여성을 두고서도 또 다른 여성에게 눈길을 돌릴 수 있는 본능적 특권을 지닌 존재로 그려진다.[35] 이처럼 여성은 지금도 남성에 의해 선택받을 수밖에 없는 소극적이고 수동적인 존재로 상징된다.

남성은 자신이 원하는 여성을 찾기 위해 떠벌리고 다닌다. 게

34) 모자이크, '자유시대'.

35) 느티나무언덕, '자기성찰'.

다가 그런 여성은 오로지 신체적인 조건만이 문제시될 뿐, 개인적인 능력이나 마음 따윈 전혀 중요하지 않다. 첫머리에서 인용되었던 '희망사항'이 무색할 만큼 여성을 사물화하여 여성으로서의 조건을 정형화한 가요가 등장한다. 바로 홍서범의 '구인광고'다. 어쩌면 이 노랫말에서 나타나는 여성의 모습이 대부분의 남성이 바라는 것인지도 모른다. 이런 노래가 남성들의 세계에서 불리고 있다는 것은 여성을 단지 성적인 도구로만 파악하려는 남성의 심리적 우월감이라 할 수 있다.

'백육십 센티미터의 키에 사십오 킬로그램의 몸무게, 웨이브진 갈색 머리칼, 하얀 손, 개미처럼 날씬한 허리…' 이런 모든 조건을 갖춘 여자를 찾는다. 모든 남성이 이런 모습의 여성을 원한다면 여성은 이런 조건을 만족시키기 위해서 일부러 파마머리에 염색을 하고, 허릿살을 빼기 위해 굶어가며 다이어트라도 해야 한다. 다시 말해 인간의 한계를 뛰어넘어 초월의 경지에 이르러야 그런 외모를 가질 수 있을 것이다.

젊은 세대가 즐겨 부르는 가요를 고찰해본 결과 현대 남성이 원하는 여성상은 과거의 여성상과 별다른 변화를 보이지 않는다. 그들은 외모가 단정하고 아름다운 여성, 남자에게 순종하는 여성을 원할 뿐이다. 이런 남성의 바람에 항거하여 립스틱을 짙게 바르고 촌스런 모습으로 거리에 나서보지만, 그런 여성은 결국 사회적 규범을 무시하는 여성으로 비춰진다.

남성이 바라는 여성의 모습은 과거의 속담이나 현대 가요에서나 커다란 변화가 없다. 그러나 현대 여성은 남성이 바라는 모습 그대로 있기보다는 자신만의 개성을 연출하며 살아갈 준비를 하고 있다. 우리는 여성의 이런 변화된 모습을 다음 절에서 살펴볼 것이다.

## 3. 여자의 남자

지금까지 살펴본 대중가요의 노랫말에 나타난 여성의 모습은 과거의 여성과 마찬가지로 연약하고 분명한 자기 주장이 없으며, 여전히 남성에게 선택되는 수동적인 존재다. 비록 대중가요의 주제가 남녀간의 사랑 이야기에 한정돼 있지만, 현대 여성도 여전히 과거의 여성들과 다름없이 눈물로 아쉬움을 달래고, 과거의 추억에서 벗어나지 못하는 슬프고 궁상맞은 여인이다.

그러나 다행스럽게도 현대 여성은 체념에만 빠져 있지 않다. 그런 종속적 입장에서 과감하게 탈피해 자신의 세계를 찾고자 한다. 우리는 여성에게 나타난 이런 변화를 언어의 세계가 사회상을 반영한다는 일반적 가정을 확인해주는 것으로 볼 수 있다. 반대로 오랜 여성운동에도 불구하고 거의 변화하지 않은 여성

女子

의 모습을 담고 있는 대중가요는 언어가 현 사회의 모습을 지속해간다는 가정을 반영한다고 볼 수 있다. 어쨌든 지금 우리 사회에서 불리는 대중가요는 여성의 극단적인 양면을 보여준다.

현대 여성에겐 과거의 여성들과는 달리 자신이 원하는 남성을 직접 선택하는 적극성이 있다. 주변의 반대로 힘들고 바람에 흩날리는 낙엽처럼 위태롭기는 하지만 오직 자신을 그리는, 자신만을 사랑해주는 남성을 찾아서 모든 것을 버리고 그의 곁으로 달려간다. 그렇다고 그 남성에게서 사랑만을 기대하는 것도 아니다. 그 남성과 밝은 하늘 아래에서 함께 살아갈 수 있는 날을 꿈꾸고 남성을 부축하며 끝까지 꿋꿋하게 살아가자고 용기를 불어넣어주는 강한 존재다.[36]

이렇게 되면 김수희가 '애모'에서 노래했던 '나는 당신의 여자'가 아니라 남성이 '여자의 남자'가 되는 역전극이 펼쳐진다. 따라서 사랑의 아쉬움은 남성의 것이 되어버리기도 한다. 김현철의 '달의 몰락'에서 그런 남성의 모습을 읽을 수 있다. 사랑하던 여인과 처음 만났을 때, 그리고 그녀가 이별을 고했을 때 그녀가 좋아한 달의 모습을 두고 상대 남성은 달이 기울듯이 자신의 사랑도 아쉬움이 남지만 그녀를 잊을 수 있다고 다짐해본다. 그러나 달을 바라볼 때마다 그리움에 젖는다. 이런 모습은 바로 앞절에서 살펴보았던 여성의 모습과 일치한다.

대중가요에 비친 현대 여성의 모습에서 아쉬운 것이 있다면, 변화된 여성의 모습이 제한적이라는 점이다. 즉, 과거의 남자를 버리고 다른 남자를 선택하는 것 정도가 변화한 여성의 모습

36) 이수용, '우리 사랑은'. 이 노래는 김한길의 『여자의 남자』를 극화한 드라마 주제곡이었다.

이다.

새로운 남자를 선택하고 과거의 남자와는 친구로서 악수를 나누고 헤어지는 현대 여성의 모습에서,[37] 남성의 전유물로 생각되었던 사랑과 우정을 구분하는 냉정한 모습이 여성에게도 있음을 확인하게 된다. 그때의 추억이 아름다웠기에 돌이켜 생각해보고 멈추고도 싶었지만, 사랑보다는 멀고 우정보다는 가까운 그런 어색함이 싫어서 헤어짐의 시간을 갖는다.[38]

따라서 이제 이별의 아쉬움과 미련은 남성의 몫으로 변해간다. 사랑했던 여성이 다른 누군가와 함께 있고, 다른 남자의 품에 안긴 것을 확인한 남성은 충격을 이기지 못하고 아무 말없이 발길을 돌릴 뿐이다. 과거의 시간이 너무나도 가슴 벅찬 순간들이었기에 그리움에 싸여 눈물을 흘리는 남성의 모습이다.[39] 남성은 이 세상을 떠나 다른 세상에서라도 과거의 사랑을 맺어볼 수 있기를 기대한다. 다른 남자에게 시집가는 결혼식장까지 쫓아가 눈부시게 아름다운 하얀 웨딩드레스를 입은 그녀를 떠나보내며, 잠시 동안 그녀를 다른 남자에게 맡긴 것이라고 다짐하고 이 세상을 살아가는 짧은 시간 동안만이라도 잊어보기로 한다.[40]

이처럼 변화한 여성에게 결혼에 대한 인식도 당연히 변화한다. 과거처럼 부모가 정해준 남성에게 시집가서 남편과 자식에게 의존해 한평생 말없이 살아가는 여성상에서 벗어나 자기 주장을 분명히 관철시킨다. 남성이 정하는 장소로 묵묵히 따라가기보다는, 새파란 잔디 위에서 자신의 모습을 더욱 돋보이게 하

37) NEXT, '인형의 기사 part Ⅱ'.

38) 피노키오, '사랑과 우정 사이'. 첫 부분에서 말했지만 이 노래도 그 주체가 남성인지 여성인지 명확하지는 않다. 양성兩性 모두에게 무리 없이 자연스럽게 적용될 수 있다는 점에서 여성관의 변화를 엿볼 수 있다.

39) god, '니가 있어야 할 곳'. 우리는 이런 남성의 모습을 있게 한 근본적인 이유를 '마마보이'에서 찾아보기로 한다.

40) 윤종신, '너의 결혼식'.

려는 당찬 모습도 있고,[41] 결혼 자체를 새로운 속박의 시작이라기보다는 부모의 품에서 벗어나 자유를 만끽할 수 있는 시간으로 보기도 한다.[42] 한걸음 더 나아가서 혹시 남편보다 멋진 남자를 보더라도 참을 테니 자기보다 예쁜 여자를 보더라도 외도하지 말고 서로 참고 살자고 남편에게 요구하기도 한다. 또한 여성 자신이 결혼하기 이전에 구세대적 사고에서 벗어나지 못한 부모의 등쌀에 고통을 받았기에, 또다시 여성으로서의 자신과 같은 숙명에 처해질 딸에게는 자신이 받았던 스트레스를 물려주지 않겠다고 다짐한다.

이러한 변화는 현대의 젊은 여성에게서만 나타나는 것은 아니다. 젊은 층이 좋아하는 대중가요에서처럼 자신있고 빈번하게 등장하지는 않지만, 중·장년층이 즐기는 트롯풍의 가요에서도 변화한 여성의 의식을 목격할 수 있다.

이별이 준 슬픔이 가슴속에 상처로 남지만, 그래도 무정하게 떠난 남자를 용서하면서 다시 울지 않겠다고 다짐하는 용기 있는 여인으로 변화한다.[43]

이처럼 젊은 여성만이 아니라 중·장년층 여성들의 의식을 반영한 요즈음의 가요는 남성에게 종속되고 순종을 강요받던 과거의 여성들과는 달리 자기 주장을 분명히 하고 자신의 세계를 확고히 하는 변화한 여성의 모습을 보여준다. 대중가요가 주로 과거의 남자가 아닌 새 남자를 선택하는 신세대 사랑법을 노래했다 해서 여성이 발 빠르게 실리만을 추구하는 방향으로 바뀐 것이라 일반화시킬 수는 없다. 대중가요는 과거나 지금이나 사랑 얘기 일색으로, 우리가 찾을 수 있는 제한된 자료에서는 그런 단편적인 변화만이 보인다. 따라서 우리는 대중가요에서 나타나는 변화한 여성의 모습을 현 사회를 살아가는 전체 여성의 모습이라 단언할 수는 없지만, 실리만을 추구하는 여성이 아닌 더 인간적이고 강한 여성으로 변화되었다고 보는 시각이 필요하다.

그러나 여성의 변화를 노래한 가요에서도 여전히 아쉬움이 남는다. 현대의 사회가 자식을 가능한 한 적게 낳고 자신의 생활을 즐기는 방향으로 흐르다 보니, 그런 자식들에 대한 애정이 과거의 어느 때보다도 남다른 형태로 나타난다.[44] 공주병이나 왕자병이라 불리는 현상이 바로 그것이다. 그런데 문제는 왕자병을 풍자한 노래는 찾아볼 수 없어도,[45] 공주병을 풍자한 노래는 있다. 극단적인 예지만 서울의 어느 거리를 빗대어, 그곳에는 텅빈 눈에 오만함으로 가득 찬 미소를 띤 공주들뿐이라고 비아냥거린다. 구두굽만큼이나 자존심을 높여보지만 그것은 아무런 알갱이도 없는 자존심일 뿐이고, 유행에 따라 꾸민 얼굴과 옷차림새는 너무도 똑같아 개성을 잃어버린 쇼윈도의 마네킹과 같은 모습이라고 풍자한 노래[46]까지 등장한다.

그래서인지 남성은 헤어진 여성에게 아쉬움을 간직하지만 그리워하진 않는다. 이런 모습이 앞절에서 살펴본 이별의 아픔을 겪은 여성이 보이는 반응과의 차이점이다. 즉 헤어짐의 쓰라림을 경험한 남성은 이별이 주는 아픔이 두렵지만, 그까짓 사랑 하나 때문에 눈물을 보인다는 것은 부끄러운 일이기에 헤어진

44) 015B, '요즘 애들 버릇 없어'. 하지만 젊은 세대들도 할말은 있다. 어른들이 바라는 것이 오직 학벌이나 출세뿐이니 그들의 꿈은 대체 어디에서 찾아야 하냐고 반문할 수 있다. 어른들도 분명히 젊은 시절엔 그렇게 살아왔을 텐데 왜 젊은 우리들에게 그런 사고를 강요하는지 묻는 것이다. 결국 젊은 세대들도 어른들을 배척하는 것이 아니라 사랑하고 있으니 젊은 우리를 조금만이라도 이해해달라고 부탁한다.

45) 다음 절에서 다룰 '마마보이'가 여기에 해당될 수도 있겠으나, 정확하게 왕자병이라 보기는 어렵다.

46) 신성우, '로큰롤+압구정동, 공주병'.

여성이 다시 곁으로 돌아온다 해도 이미 그때의 사랑은 식어버린 뒤라고 말한다.[47]

또한 군에 간 남성을 기다리다가 다른 남성의 곁으로 떠나가버린 여성을 이해하며, 자신이 감당할 수 없을 정도로 그 여인을 아름답게 꾸며준 대상에게 감사하는 마음까지 가진다.[48]

이런 남성의 반응은 젊은 세대에만 국한된 것이 아니다. 고요한 호수와도 같이 편안했던 마음에 커다란 풍파를 던지고 마음대로 멋대로 떠나버린 여인에게 잊어주겠다며 큰소리 뻥뻥 친다. 그것도 아픈 가슴을 움켜쥐고 외치는 소리가 아니라 여성에게 보란듯이 한을 품고 내치는 큰소리다. 그러나 보다 중요한 것은 이런 남성의 반응에 관한 것이 아니다. 이제 현대 여성은 과거의 여성들과는 달리 떠나간 남자를 속절없이 기다리고, 기다림에 지쳐 눈물로 밤을 지새우는 연약한 여성이 아니다. 현재의 여성은 이별의 슬픔을 이겨내고, 자기만의 세계를 개척해나가는 용기 있는 여성이다.[49] 그리고 남성만이 여성을 선택할 수 있다는 고정적 사고에서 벗어나 여성도 남성을 선택할 수 있다는 적극적인 사고를 지닌 여성이다.

이제 이처럼 변화한 여성의 모습을 결론 짓기 위해, 지금까지 예로 든 가요들보다는 다소 오래전에 나온 것이지만 독특했던 노랫말로 아직도 우리의 기억에 남아 있는 노래를 분석해보자.[50]

> 자 그녀에게 시간을 주자
> 저야 놀든 쉬든 잠자든 상관 말고

47) 백영규, '널 위한 눈물은 없을 거야'.

48) 윤종신, '오래전 그날'.

49) 위의 노래에서 언급된 남성의 반응은 남성적 시각에서 바라본 것일 수 있다. 군에 간 남자친구를 기약 없이 기다리기보다는 좀더 나은 삶을 위해서 자신의 이상을 펼쳐보려는 여성의 도전으로 파악할 수도 있다.

50) 김국환, '우리도 접시를 깨뜨리자'.

거울 볼 시간 시간을 주자
그녀에게도 시간은 필요하지

앞치마를 질끈 동여매고
부엌으로 가서 놀자
아하
그건 바로 내 사랑의 장점
그녀의 일을 나도 하건
필수감각 아니겠어
그거야
자 이제 부터 접시를 깨뜨리자

접시 깼다고 세상이 깨어지나
자 이제부터 접시를 깨뜨리자
접시를 깨뜨리자

이 노랫말에서 느껴지는 주제는 부엌과 집안일에 얽매여 있는 여성에게도 자신을 꾸밀 시간과 누구의 눈치도 보지 않고 자유롭게 보낼 수 있는 시간적 여유를 주자는 것이다. 이런 차원에서 이해한다면, 여성운동은 남성의 기득권에 대한 여성의 도전이 아니라 김국환이 노래했듯이 모든 남성이 그들의 접시를 깨뜨리고 여성과 참다운 공동체적 삶을 꾸려가려는 인간성 회복 운동으로 비춰진다.

## 4. 마마보이

    현재의 대중가요가 지닌 특징 중의 하나가 노랫말에서 주인공의 성性을 분명하게 결정하기 힘들다는 점이다. 남성 가수가 부른 노래라 해서 그 노랫말에 쓰인 '나'가 반드시 남성일 필요가 없듯이, 여성 가수가 부른 노래에서 '나'가 반드시 여성으로 해석될 수 없다. 다시 말해서 그 노래를 받아들이는 대상이 남성인가 여성인가에 따라서 자유롭게 '나'의 성이 정해지는 유연성을 보여준다. 예를 들어 손지창이 부른 '시련'의 노랫말을 보자.

날 그냥 내버려둬
아무도 필요치 않아 나에겐

이미 너도 내 것이 아냐

아무 말 하지 마라

이제는 그 무슨 말로도 나를 위로할 수 없어

언젠가 알게 되겠지

널 위해 떠나는 걸

짐이 되는 건 싫어

이제는 잊어버려

더이상 널 사랑하지 않아

뒤돌아보지 마라

이대로 떠나가버려

힘들어도 참아야 돼

나 혼자 슬퍼하면 돼

흐려진 너의 모습 뒤로

　노랫말이 주는 내용상 '나'의 성이 무엇이라고 분명하게 말할 수 없다. 여성도 될 수 있고 남성도 될 수 있다. 만약 과거의 시각이었다면 '나'는 남자로 해석해야 마땅할 것이다. 이별의 결정과 사랑의 선택은 남성의 몫이었기 때문이다. 그러나 시대가 바뀌어 남녀간의 사랑에서도 여성이 적극적인 입장에 서게 되었다. 따라서 이때 '나'를 여성으로 해석해도 전혀 부자연스럽지 않다. 그렇다면 이제 그 이유를 찾아보자.

　대중가요의 노랫말은 분명 시대의 조류에 편승한다. 따라서 여성과 남성에 대한 시대 의식을 반영하게 마련이다. 대부분의 대중가요에서 주체인 '나'의 성을 분명하게 정하지 않는 것도 남성과 여성이 적어도 사랑하는 방법에서는 동등한 위치에 있는 현대 젊은이들의 의식을 투영한 예라 하겠다. 이런 의식 세계의 변화를 설명하기 위해서 두 가지 가정 설정이 필요하다. 하나는 여성도 과거와는 달리 수동적인 입장에서 벗어나 남성과 같이 적극적으로 자신의 세계를 찾아 나서려는 태도로 변했다는 가정이다. 다른 하나는 남성이 과거의 남성들과는 달리 소극적인 자세로 변했다는 가정이다.

이 두 가지 가정 중 어느 것이 더 옳은 것인가 생각해보자. 앞에서도 보았듯이 사랑 앞에서 현대 여성의 모습은 분명하게 두 가지로 구분된다. 하나는 과거의 여성과 다를 바 없이 눈물로 이별의 아픔을 달래는 모습이며, 다른 하나는 남성과 같은 적극적인 사고방식으로 자신의 사랑을 찾아 나서는 모습이었다. 극단적인 양면성이 혼재되어 있다. 여성에 대한 이런 극단적인 평가를 어떻게 이해해야 할까? 이에 대한 답이 곧 여성에 대한 우리의 의식 세계를 판단하는 기준이 되리라.

가장 바람직한 이해 방법은 전자의 여성관이 후자의 여성관으로 바뀌어가는 과도기적 단계에 있다고 파악하는 것이다. 물론 이런 변화 과정에서 가장 큰 역할을 한 것은 바로 여성운동권의 계몽 활동일 수도 있다. 그들의 노력이 있었기에 여성에 대한 인식의 변화가 생겼고, 그로 말미암아 대중의 의식을 노래하는 대중가요에서도 적극적이고 자신감에 넘치는 여성의 모습이 나타나게 된 것이다.

그런데 적극적인 여성의 모습을 그린 경우가 대부분 젊은 층이 즐겨 부르는 가요에 한정되어 있다는 점에서 그런 변화가 여성운동권의 활약 덕분이었다고 단순화할 수는 없다. 말없이 세상을 살아오고 지금도 살아가고 있는 중·장년층 여성들도 같은 여성인데, 왜 그들의 노래에서는 그런 변화가 거의 엿보이지 않는 것일까? 이는 그간의 여성운동이 소수의 지식인 계층을 겨냥한 것이었지 결코 전체 여성을 위한 것은 아니었음을 보여주는 예다.

이제 우리는 젊은이들의 노래에서 '나'의 성性이 분명하게 드러나지 않고, 여성의 변화된 모습이 주로 젊은 층의 노래에서 나타나는 이유를 대중가요에서 찾아봄으로써 위의 질문에 답해보고자 한다. 앞절에서 우리는 무력한 남성, 체념하는 남성의 모습에 대해 말한 적이 있다. 물론 과거에도 이런 유형의 남성이 없지는 않았겠지만, 여성 앞에서 무력하게 물러서는 남성의 모습은 '남성다운' 태도로 평가받을 수 없었다. 부모의 사랑을 지나치게 받은 여성이 공주병에 걸려 알맹이 없는 자존심만 높이 세우듯이, 상대적으로 남성에게는 왕자병이 있다. 자신의 힘으로 어느 것 하나 해결할 수 없고, 모든 것을 부모에게 의존하여 결국 성인이면서도 아이 같은 모습에서 머무르는 그런 남성 말이다. 바로 '마마보이'다. 입는 것, 먹는 것까지 어머니의 손길에 의지하고, 자신의 꿈마저 상실한 무력한 남성이 되고 만다.[51] 바로 남성 상실의 시대다. 남성이 남성 본연의 자세를 망각한 세대가 나타난 것이다. 이제 남성다운 것이 망각의 늪으로

51) 김준선, '마마보이'.

빠져버린 시대에서 살고 있는 젊은이들이 등장한다. 그리고 과거의 남성상을 상실해버린 자신을 바보라고 자책한다(god의 '바보'). 머리보다 가슴이 앞서는 남성을 바보라고 자책하는 것에서 새로운 천년시대의 젊은이는 1990년대의 젊은이보다 나아졌다고 말할 수 있을까?

이런 관점에서 볼 때, 우리는 대중가요에 나타난 여성의 변화를 다른 각도에서 읽게 된다. 다시 말해서 변화한 여성의 모습은 여성운동이나 여성 스스로의 변화가 아닌 남성성의 상실로 인한 부수적 효과라는 것이다. 여성은 과거의 여성에서 변하지 않았는데, 남성은 과거의 남성을 잃어버리고 여성보다 여성다운 인간으로 변해버렸다는 시각이다. 다시 말해서 대중가요에서 나타나는 여성의 변화한 모습은 여성이 강해지고 독립적 존재로 성장한 덕분이 아니라, 무력감과 상실감에 빠져버린 남성성의 전락이 가져온 효과다. 그에 대한 증거로 중·장년층이 즐겨 부르는 가요에서는 여성의 변화가 보이지 않는 반면에, 젊은층을 대상으로 한 가요에서만 그런 변화가 눈에 띈다는 점을 들 수 있다. 다시 말해서 여전히 남성으로서의 권위를 지키고 있는 중·장년층의 시각에서 여성은 이별을 아쉬워하고 슬픔을 참아내야 하는 전통적인 여성상인 데 반해 남성은 남성다움을 잃어버려 여성처럼 사랑의 아픔에 슬퍼하고 어떤 경우엔 어머니에게 끌려가듯 여성에게 이끌리는 수동적인 모습으로 비춰진다. 그렇기에 상대적으로 여성이 주도적인 입장에 있는 것처럼 느껴지는 것이다.

  어떤 의미에서 이런 해석은 사회 전체의 이익을 위해서 결코 바람직한 현상이 아니다. 하지만 여성운동의 효과가 적어도 젊은 여성들의 의식을 일깨워 수동적인 여성이 아닌 적극적인 여성으로 만들었듯이, 남성성의 상실이 그만큼 여성의 정체성을 메워주고 있는 효과도 무시할 수 없다. 이 글에서 우리가 여성의 변화한 모습을 여성운동의 긍정적인 효과로만 보지 않는 이유도 바로 여기에 있다. 다시 말해서 여성의 변화는 남성의 왜소화로 인한 피상적인 모습일 수도 있다. 실제로 현 사회에서 아버지의 권위가 상실되고 남성다움이 사라졌다는 우려가 나타나기도 하는데, 이런 것들을 소중히 끌어안고 좀더 나은 방향에서 여성과 남성이 함께 하는 인간 운동이 전개되어야 할 필요성을 느낀다.

  남성이 남성으로서의 권위를 되찾을 수 있는 방법을 모색해야 하듯이, 여성도 현실에 안주하지 말고 진취적인 입장에서 여성문제를 찾아 나서야 할 시점이다.

# 껍질을 깨고

　원래 이글을 쓰게 된 계기는 아주 간단했다. 여성학에 관련된 책을 읽으면서 평소에 가졌던 의문을 풀어보려 했던 것이다. 그리고 그런 의문들을 여성학 관련 서적이 해결해주지 못한다면 필자가 전공했던 언어학적 시각에서 풀어볼 수 있지 않을까 생각해보았다.

　만약 여성학자들의 주장대로 부족사회에 접어들어 생산수단의 사유화가 이루어지면서부터 여성에 대한 핍박이 시작되었다면, 여성은 왜 그토록 오랜 세월을 죽은 듯이 지내다가 레닌이 주도한 러시아혁명 후부터 여성해방을 부르짖고 나섰던 것일까? 과연 그 이전에는 여성이 인간으로서의 권리를 요구한 시대가 없었을까? 있었더라도 크게 문제시되지 않고 한번쯤 지나가고 마는 일회성 태풍 정도로만 여겨졌을까? 만약 역사가 남성을 주인공 삼아 기록된 것이라면, 여성이 주인공인 역사는 완전히 배제된 것이나 다름없다. 하지만 역사가 비록 남성이 기록한 것이라 해도, 객관적인 사실史實의 기록이라면 여성의 그런 항거가 흔적조차 남아 있지 않을 수는 없다. 그렇다면 왜 20세기에 들어서야 여성해방을 부르짖는 여성의 목소리가 점점 크게 들려오는 것일까? 또 그렇게 목소리를 높이는데 왜 여성에 대한 대우는 제도적인 차원을 넘어 관습의 변화에까지 이르지 못할까? '아들 딸 구별 말고 둘만 낳아 잘 기르자'고 한 지가 언젠데, 서울처럼 교육 수준이 높은 사람들이 모여 사는 대도시에서도 초등학교의 남자아이와 여자아이의 성비가 심각한 불균형을 이룰까?

이런 의문들을 단순히 사회적 관습의 높은 벽 때문이라 치부해버리기에는 여성문제가 너무도 심각하다는 생각을 지울 수 없다. 오히려 그런 생각은 여성운동의 성과로 법적 차원과 경제적 차원에서 여성에게도 경쟁의 기회가 주어지고 능력에 따른 지위를 확보하여 남성과 동등한 수준에 이르렀다 하더라도, 우리의 의식—남자가 되었든 여자가 되었든 간에—에서는 남자와 여자를 보는 관점이 전혀 변하지 않고 있다는 반증이다.

이처럼 사회적 제도는 변해가는데 그 속에서 살아가는 우리의 의식엔 아무 변화가 없다면, 여성운동의 방향은 제도의 개선도 중요하지만 사회 공동체 의식의 변화를 가져올 수 있는 방향으로 전개되어야 한다. 이런 관점에서 우리는 인간의 의식을 가장 충실하게 반영하고 있는 매개체가 무엇인가를 생각해보았다. 그 매개체는 다름아닌 언어였다.

따라서 우리는 낱말을 중심으로 우리말에 나타난 여성의 문

女子

제를 살펴보았다. 그 결과 우리말에서 나타나는 여성에 대한 철저한 차별상을 엿볼 수 있었다. 사회학적 차원에서 여성의 특징으로 분류되는 소극적이고 의존적이며 감성적인 속성들을 우리가 일상생활에서 사용하는 낱말에서도 그대로 확인해볼 수 있었고, 속담과 민요에 나타나는 여성의 속성이 현대 사회학과 심리학에서 지적하는 여성의 특징과 크게 다르지 않음도 확인할 수 있었다.

우리가 매일 사용하는 낱말에서 이처럼 여성의 모습을 왜곡시키고 비하시키는 한, 우리의 의식 세계 속에 박힌 여성관이 변화하기를 기대할 수는 없다. 비록 여성이 사회적으로나 경제적으로 남성과 동등하게 경쟁할지라도, 그들은 여전히 딸이고 아내이고 며느리일 뿐이다. 그래도 다행인 것은 90년대 이후에 등장한 대중가요의 노랫말에서 용기 있고 적극적인 여성의 모습이 나타난다는 점이다. 그런 여성의 변화가 여성 자신의 의식 변화에서 비롯된 것인지 아니면 남성의 왜소화에 대한 상대적인 효과인지는 별개의 문제라 하더라도, 현재의 여성을 과거의 여성과 동일한 시각에서 볼 수만은 없게 되었다.

남성에게 여성을 새로운 시각으로 바라보기를 원하고 여성 자신도 지금과는 다른 시각에서 여성을 볼 수 있도록 만들기 위해서, 언어를 단순히 의사소통을 위한 수단으로서만이 아니라 우리의 의식 세계를 반영하는 중요한 척도로 파악하여, 언어에 비친 여성상과 남성상에 관해 연구하는 것이 필요한 시점이다. 여성의 적은 여성이라고 백 번 말하는 것보다 언어를 통해 구체적인 실례를 보여주는 것이 훨씬 효과가 크다고 생각한다.

또한 법적 차원에서의 평등권 회복, 경제적 대우의 평등 확보만으로는 여성문제를 해결하기 힘들다는 사실을 우리의 정치 현실에서 분명하게 목격하고 있다. 따라서 신분이나 지적 수준의 고하를 막론하고 모두가 공평하게 소유하고 있는 언어를 가지고 여성문제를 고민할 필요성을 절감한다. 이러한 관점에서 우리말에 나타난 여성에 대한 차별상을 극명하게 보여주고, 남성의 우월함을 뒷받침해주는 낱말들엔 어떠한 것들이 있는가를 살펴보았다.

어떤 면에서 여성을 차별하는 낱말들의 단순한 나열에 그침으로써, 정작 여성문제를 떠벌리고도 무책임하게 그 해결책을 남에게 미뤄버린다는 비난을 피할 수 없을 것 같다. 그러나 앞에서도 언급했듯이 문제를 덮어놓는다고 해서 여성문제의 진정한 해결이 가능한 것은 아니리라. 그런 차별상을 적나라하게 보여주고 인식하게 만듦으로써 남성과 여성 모두가 동참하는 개선의 장場을 마련하자는 데 이 글의 목적이 있다.

그러나 이 글이 우리말에 나타나는 남녀의 차별상을 모두 다룬 것은 아니다. 이 글에서 주로 다룬 호칭어 이외에도 여성의 차별상을 보여주는 부분이 많다. 또한 품사에 있어서도 명사를 떠나 다른 품사들, 예를 들어 여성이나 남성에게만 국한되어 사용되는 관형사를 살펴보아도 분명한 차이가 있으리라 생각한다. 또한 낱말의 차원을 넘어서 실생활에서 이루어지는 대화의 기본 단위가 되는 문장에서도 남성적 표현과 여성적 표현이 어떻게 구분되는지 관심을 가져야 한다. 속담과 민요에서 나타나는 여성의 모습을 살펴보았지만 결코 완전한 연구라고 말할 수 없다. 필자 개인으로서도 낱말에 나타난 여성 차별에 대한 연구를 통해 앞으로 실생활에서 사용되는 문장에서 남녀의 모습이 어떻게 나타나고 있는가를 살펴보고픈 마음이 좀더 강렬해졌다.

한편으로 종교적 차원, 특히 200여 년간 인간으로서의 여성, 즉 남성과 동등한 인간으로서 여성을 가르쳐온 기독교와 천주교의 교세 확장에도 불구하고 여전히 많은 여성들이 과거의 여성상에서 벗어나지 못하고 있는 이유도 궁금하다. 교회와 성당에서 남녀는 평등한 존재임에도 실제로는 전혀 그렇지 못하다. 그런데 그런 차별을 문제 삼는 여성은 거의 없다. 왜 그럴까? 우리의 뿌리 깊은 전통적 가치관이 종교의 가르침을 앞서기 때문일까? 아니면 성경을 기록한 수단이 바로 언어이고, 그 언어를 읽어갈 때 우리의 의식 속에 자리잡는 남녀의 모습이 종교의 가르침을 앞서기 때문일까? 만약 그렇다면 우리는 여성문제를 해결하기 위한 보다 효과적인 길을 언어에서 찾아봐야 할 것이다.

그럼 언어에 나타나는 여성 차별상을 어떻게 극복해야 할까? 남성을 호칭하는 단어에는 남성에 대한 기대감과 존중이 담겨 있는 반면, 여성을 칭하는 거의 모든 단어에는 여성을 경멸하는 뜻이 들어 있음을 안다면 여성은 그런 언어 사용에 반감을 가지게 될 것이다. 그러나 분명한 사실은 그런 단어들의 사용을 지금 당장 금지하자고 주장할 수는 없다는 사실이다. 언어는 여성

의 소유이기도 하지만 남성의 소유이기도 하며, 언어에서 찰나
적인 변화를 요구하기란 불가능하기 때문이다. 따라서 우리의
정신 구조를 지배하는 언어에서의 여성 속박을 어떻게 헤쳐갈
것인가에 대한 문제는 남성, 여성 모두가 함께 머리를 맞대고
고민해야 할 문제다.